NEO 2016

발 행 일 | 2021년 10월 01일 (1판 1쇄)

개 정 일 | 2023년 08월 14일 (1판 9쇄)

I S B N | 978-89-8455-042-1 (13000)

정 가 | 10,000원

집 필 | KIE 기획연구실

진 행 | 김동주

본문디자인 | 디자인앨리스

발 행 처 | (주)아카데미소프트

발 행 인 | 유성천

주 소 | 경기도 파주시 정문로 588번길 24

홈 페 이 지 | www.aso.co.kr / www.asotup.co.kr

 **나의 타자 실력을 기록해보세요!**

구분	날짜		오타수	정확도	확인란	구분	날짜		오타수	정확도	확인란
1	월	일				13	월	일			
2	월	일				14	월	일			
3	월	일				15	월	일			
4	월	일				16	월	일			
5	월	일				17	월	일			
6	월	일				18	월	일			
7	월	일				19	월	일			
8	월	일				20	월	일			
9	월	일				21	월	일			
10	월	일				22	월	일			
11	월	일				23	월	일			
12	월	일				24	월	일			

배울 내용 미리보기

각 장별로 배울 내용을 만화로 미리 확인할 수 있어요.

창의력 플러스

본문 학습 내용과 관련된 다양한 형태의 문제들을 스스로 해결하면서
창의력을 높일 수 있어요.

본문 따라하기

한쇼 NEO(2016)의 여러 가지 기능들을 체계적으로 학습할 수 있도록
구성되어 있어요.

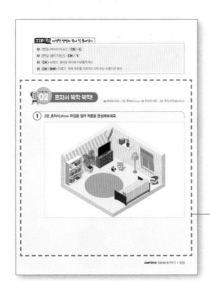

혼자서 뚝딱 뚝딱

앞에서 배운 내용을 다시 한 번 복습할 수 있도록 문제를 제공해요.

목차

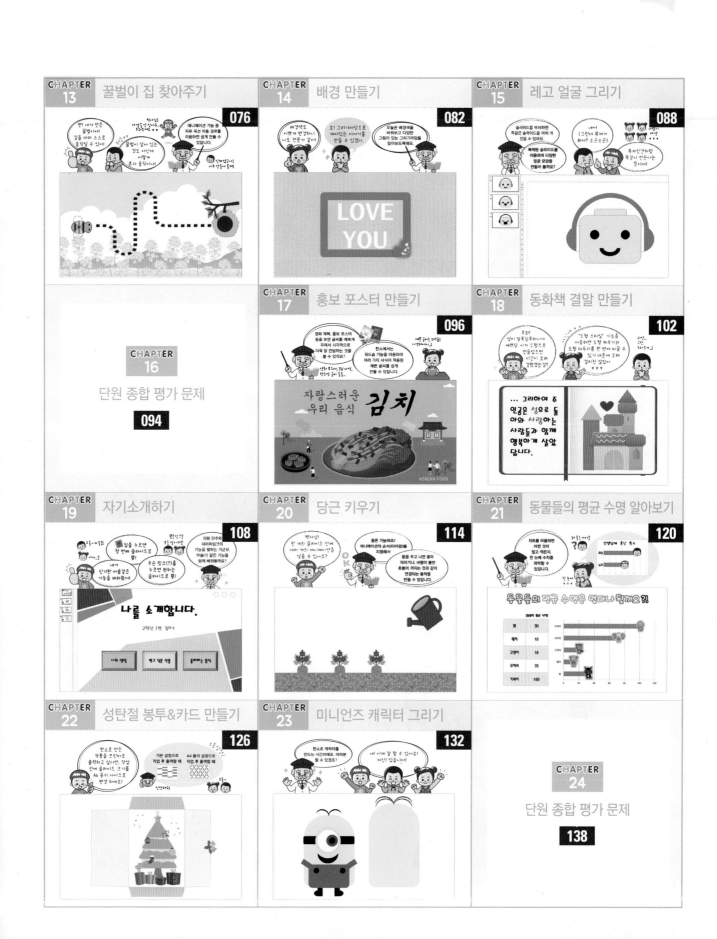

나만의 캐릭터 만들기

학 습 목 표

- 이미지를 복사하고 이동해봅니다.
- 도형을 삽입하고 색상을 변경하여 캐릭터를 완성합니다.

📂 불러올 파일 : 1장.show 📄 완성된 파일 : 1장(완성).show

1 우리는 여러 가지 상황에서 모두 다른 감정을 느껴요. 내가 가장 기쁠 때가 언제인지 생각해 보고 간단하게 적어보세요.

> 예 아빠가 퇴근할 때. 같이 놀 수 있어서 좋아요.

2 반대로 내가 가장 슬플 때가 언제인지 생각해보고 간단하게 적어보세요.

> 예 먹기 싫은 반찬을 먹어야할 때. 힘들어요.

3 아래 동물 탈을 쓴 친구들의 감정을 읽어보고, 어울리는 얼굴 표정을 그려보세요.

01 이미지를 복사하여 크기와 위치 조절하기

❶ [한쇼]를 실행한 후 '한컴오피스'를 선택하고 <확인> 단추을 클릭합니다.

❷ [파일]-[불러오기]를 클릭합니다. 이어서, [불러올 파일]-[1장]-'1장.show'를 선택한 후 <열기> 단추를 클릭하여 파일을 불러옵니다.

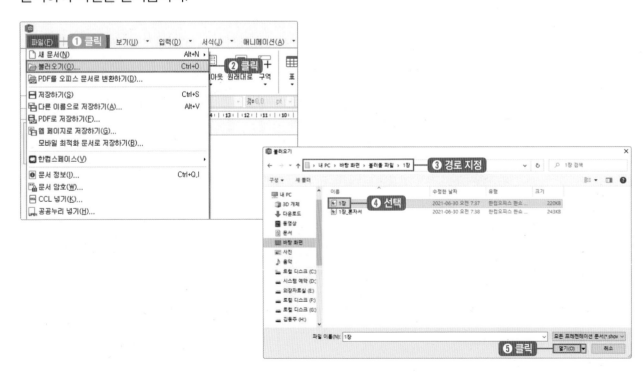

③ 오른쪽 아이템에서 [Ctrl] 키를 누른 채 원하는 머리 모양을 드래그합니다.

※ [Ctrl] 키를 누른 채 도형이나 이미지 등을 드래그하여 '복사'할 수 있어요.

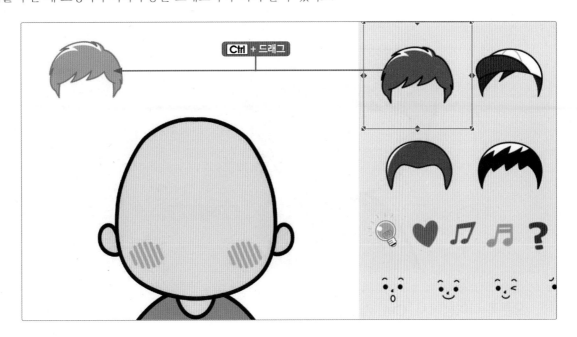

④ 조절점(◀▶)을 드래그하여 크기를 조절한 후 그림과 같이 위치를 변경합니다.

⑤ 오른쪽 아이템에서 Ctrl 키를 누른 채 원하는 얼굴 표정을 드래그합니다. 이어서, 조절점(◀▶)을 드래그하여 크기를 조절한 후 위치를 변경합니다.

※ 키보드 방향키(↑, ↓, ←, →)를 이용하면 세밀하게 조절할 수 있어요.

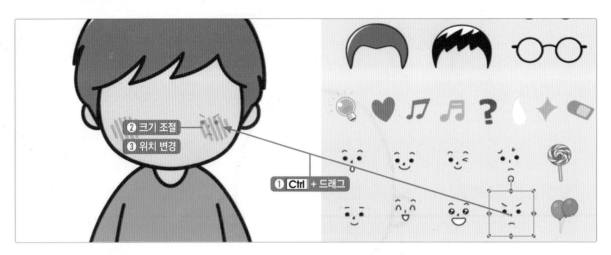

⑥ 오른쪽 아이템에서 Ctrl 키를 누른 채 원하는 안경을 드래그합니다. 이어서, 조절점(◀▶)을 드래그하여 크기를 조절한 후 위치를 변경합니다.

⑦ 같은 방법으로 원하는 아이템을 복사하여 크기를 조절한 후 위치를 변경합니다.

※ Esc 키를 누르면 모든 개체의 선택을 해제할 수 있어요.

02 도형을 삽입하고 색상 변경하기

① 옷에 예쁜 모양을 넣기 위해 [편집]-[도형]에서 '자세히(↓)' 단추를 클릭한 후, [기본 도형]-[달(☾)]을 선택합니다.

② 마우스 포인터가 '✛' 모양으로 변경되면 드래그하여 도형을 삽입합니다.

③ 회전점(↻)을 오른쪽 아래 방향으로 드래그하여 도형을 회전합니다.

※ Shift 키를 누른 채 회전점(↻)을 드래그하면 회전 작업이 편리해요.

④ 이어서, 조절점(◀▶)을 드래그하여 크기를 조절한 후 그림과 같이 위치를 변경합니다.

⑤ 도형의 색상을 바꾸기 위해 [도형(🖼)]-[채우기 색(🪣)]의 목록 단추(▾)를 클릭하여 원하는 색상을 선택한 후 **Esc** 키를 누릅니다.

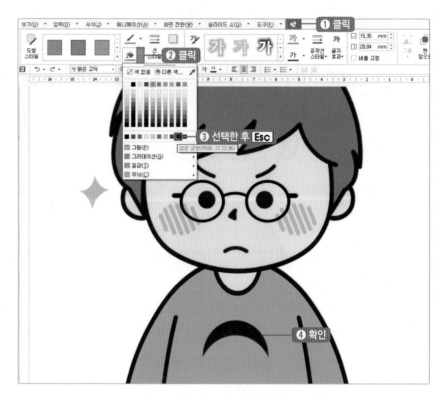

📂 불러올 파일 : 1장_혼자서.show 📄 완성된 파일 : 1장_혼자서(완성).show

① 1장_혼자서.show 파일을 열어 작품을 완성해보세요.

TIP 그림의 배치 순서를 변경하고 싶어요!

그림이 특정 개체의 뒤쪽으로 배치되어 선택되지 않거나 보이지 않을 경우에는 해당 개체 위에서 마우스 오른쪽 단추를 눌러 [맨 앞으로]를 선택합니다. 반대로 [맨 뒤로]를 선택하면 그림을 뒤쪽으로 보낼 수 있습니다.

마음대로 방 꾸미기

학 습 목 표

- 도형 안에 그림을 채워봅니다.
- 다양한 복사 기능을 이용하여 방을 꾸며봅니다.

📁 불러올 파일 : 2장.show   🖼 완성된 파일 : 2장(완성).show

창의력 플러스

● 다음 물건들은 우리 집의 어떤 장소에 위치하는 것이 좋을지 선택해보세요!

☐거실 ☐침실 ☐욕실　　☐거실 ☐침실 ☐욕실　　☐거실 ☐침실 ☐욕실　　☐거실 ☐침실 ☐욕실

☐거실 ☐침실 ☐욕실　　☐거실 ☐침실 ☐욕실　　☐거실 ☐침실 ☐욕실　　☐거실 ☐침실 ☐욕실

01 도형 안에 그림 채우기

① [한쇼]를 실행한 후 '한컴오피스'를 선택하고 <확인> 단추을 클릭합니다.

② [파일]-[불러오기]를 클릭합니다. 이어서, [불러올 파일]-[2장]-'2장.show'를 선택한 후 <열기> 단추를 클릭하여 파일을 불러옵니다.

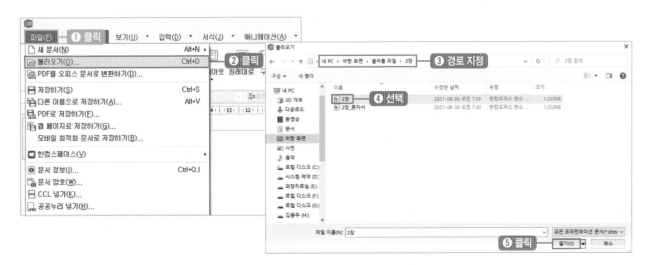

③ 왼쪽 벽에 그림을 채우기 위해 도형을 클릭한 후, 왼쪽 벽을 더블 클릭합니다.

※ 그룹으로 지정된 도형에서 도형을 선택하지 않고 더블 클릭하게 되면 도형 전체의 개체 속성 대화상자가 표시 됩니다.

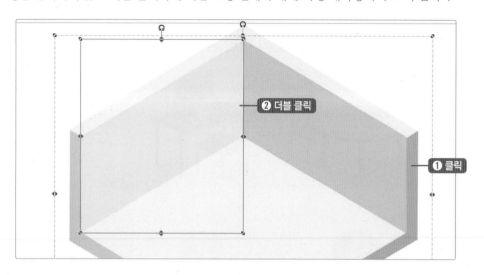

④ [개체 속성] 대화상자에서 [채우기]-[질감/그림(🌸)]을 선택한 후, 그림(🖼)을 클릭합니다.

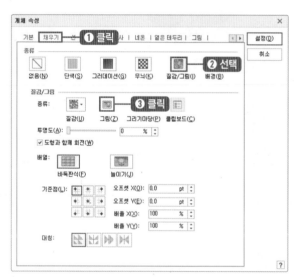

⑤ [불러올 파일]-[2장]에서 원하는 '벽지' 이미지를 선택합니다. 이어서, <넣기> 단추를 클릭하고 <설정> 단추를 클릭합니다.

※ <넣기> 단추를 누르는 대신, '벽지 1.jpg' 파일을 더블 클릭해도 그림이 삽입돼요.

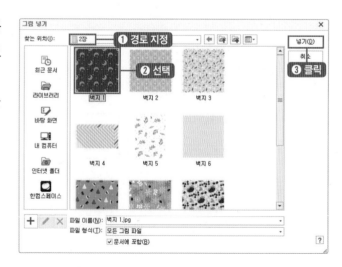

⑥ Esc 키를 눌러 모든 선택을 해제한 후 삽입된 벽지를 확인합니다.

02 다양한 복사 방법 익히기

① 왼쪽 슬라이드 미리 보기 창의 [슬라이드 2]를 클릭합니다.

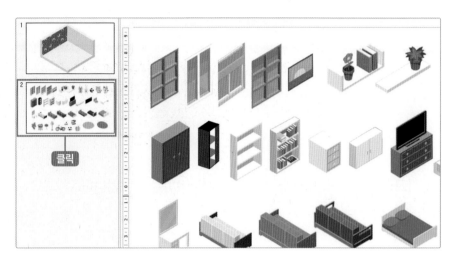

② 원하는 '창문' 이미지를 선택한 후 [편집]-[복사하기(🖹)]를 클릭합니다.

※ 복사 바로 가기 키 : Ctrl + C

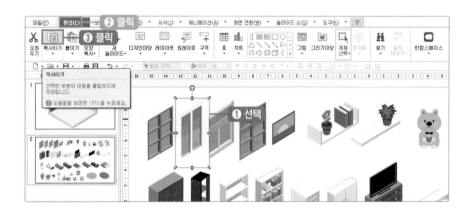

③ 왼쪽 슬라이드 미리 보기 창의 [슬라이드 1]을 선택한 후 [편집]-[붙이기(🖹)]를 클릭합니다. 이어서,
그림과 같이 창문의 위치를 변경합니다.

※ 붙여넣기 바로 가기 키 : Ctrl + V

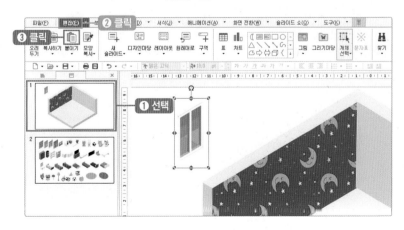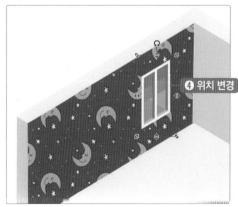

④ **Ctrl** + **Shift** 키를 누른 채 창문을 오른쪽으로 드래그하여 복사합니다.

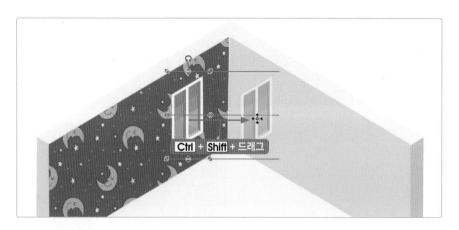

⑤ [그림(   )]-[회전(   )]-[좌우 대칭(   )]을 선택합니다.

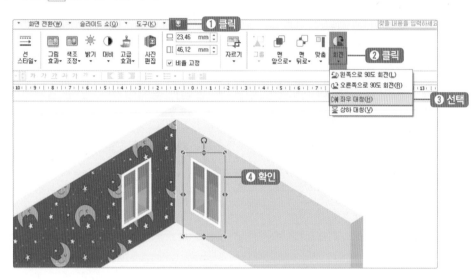

⑥ 복사, 붙여넣기 기능을 이용하여 그림과 같이 예쁘게 방을 꾸며봅니다.

※ 크기 조절, 회전, 맨 뒤로, 좌우 대칭 등의 기능을 이용하여 다양하게 꾸며보아요.

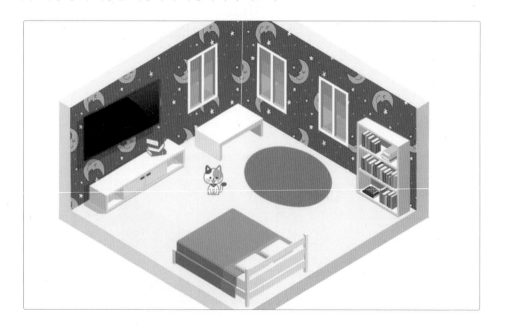

❶ [편집]-[복사하기(📋)] / **Ctrl** + **C**

❷ [편집]-[붙이기(📋)] / **Ctrl** + **V**

❸ **Ctrl**+드래그 : 원하는 위치로 자유롭게 복사

❹ **Ctrl**+**Shift**+드래그 : 현재 위치를 기준으로 수직 또는 수평으로 복사

CHAPTER 02 혼자서 뚝딱 뚝딱!

📂 불러올 파일 : 2장_혼자서.show   📄 완성된 파일 : 2장_혼자서(완성).show

① 2장_혼자서.show 파일을 열어 작품을 완성해보세요.

지붕 집 만들기

학습목표

● 도형을 질감으로 채워봅니다.

● 곡선을 그리고 서식(선 색, 두께 등)을 변경하여 집을 완성합니다.

📂 불러올 파일 : 없음 💾 완성된 파일 : 3장(완성).show

● 한쇼의 '도형 채우기' 기능을 이용하여 도형에 여러 가지 색을 채울 수 있어요. 아래 그림은 어떤 색들의 조합과, 무늬로 이루어져 있는지 보기 에서 찾아 개수를 적어보세요.

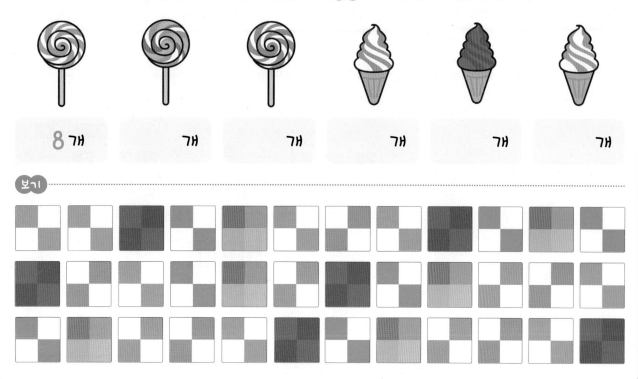

01 도형을 삽입한 후 채우기 색상 변경하기

① 새 프레젠테이션을 열어 슬라이드 빈 곳 위에서 마우스 오른쪽 단추을 클릭한 후 [레이아웃]-[빈 화면]을 선택합니다.

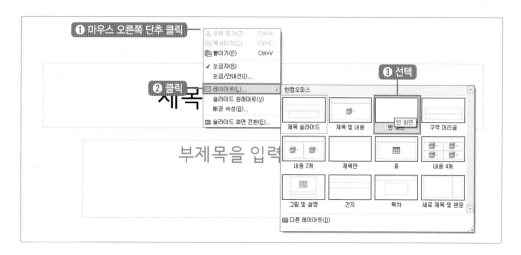

❷ [편집]-[도형]에서 '자세히(↓)' 단추를 클릭한 후, [사각형]-[직사각형(□)]을 선택합니다. 이어서, 마우스 포인터가 '✛' 모양으로 변경되면 드래그하여 슬라이드 아래쪽에 도형을 삽입합니다.
※ 도형의 크기와 위치는 아래 ❺번 그림을 참고하세요.

❸ [도형(📷)]-[채우기 색(🖌)]의 목록 단추(▾)를 클릭하여 원하는 색상을 선택한 후 **Esc** 키를 누릅니다.

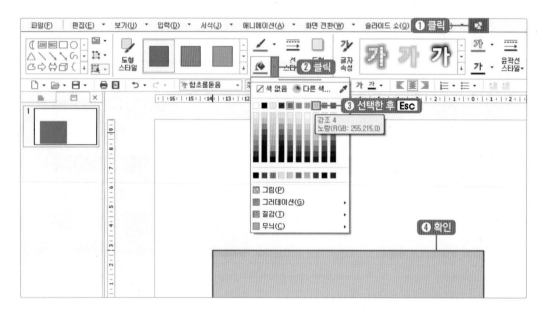

❹ 같은 방법으로 [편집]-[도형]에서 '자세히(↓)' 단추를 클릭한 후, [사각형]-[직사각형(□)]을 선택하여 도형 안쪽에 삽입합니다.

❺ [도형(📷)]-[채우기 색(🖌)]의 목록 단추(▾)를 클릭하여 원하는 색상을 선택한 후 **Esc** 키를 누릅니다. 이어서, 그림과 같이 크기와 위치를 변경합니다.

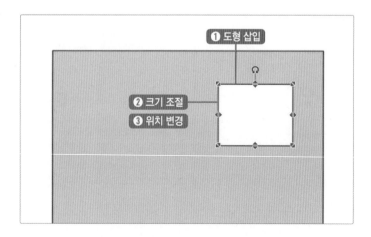

⑥ [편집]-[도형]에서 '자세히(↓)' 단추를 클릭한 후, [기본 도형]-[이등변 삼각형(△)]을 선택하여 삽입합니다.

⑦ [도형( )]-[채우기 색( )]의 목록 단추(▼)를 클릭하여 원하는 색상을 선택합니다. 이어서, 그림과 같이 크기와 위치를 변경합니다.

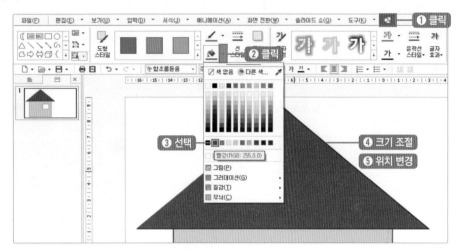

---

 02 도형을 삽입한 후 질감으로 채우기

① [편집]-[도형]에서 '자세히(↓)' 단추를 클릭한 후, [사각형]-[직사각형(□)]을 선택하여 삽입합니다.

② [도형( )]-[채우기 색( )]의 목록 단추(▼)를 클릭한 후, '질감( )'에서 원하는 질감을 선택합니다. 이어서, 그림과 같이 크기와 위치를 변경합니다.

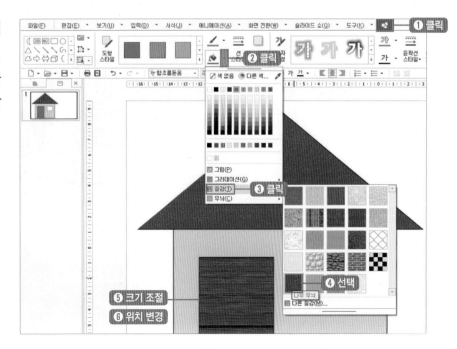

❶ [편집]-[도형]에서 '자세히(⬇)' 단추를 클릭한 후, [선]-[곡선(⌇)]을 선택합니다.

❷ 마우스 포인터가 '✛' 모양으로 변경되면 점을 찍듯이 클릭하여 지그재그 모양을 만든 후 마지막 점은 더블 클릭하여 도형을 완성합니다.

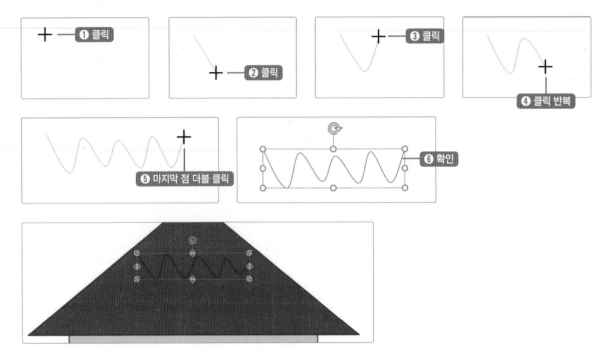

❸ [도형(⬚)]-[채우기 색(◆)]의 목록 단추(▾)를 클릭하여 원하는 색상을 선택한 후, [선 스타일(▤)]-[선 굵기(▤)]를 선택합니다. 이어서, 그림과 같이 크기와 위치를 변경합니다.

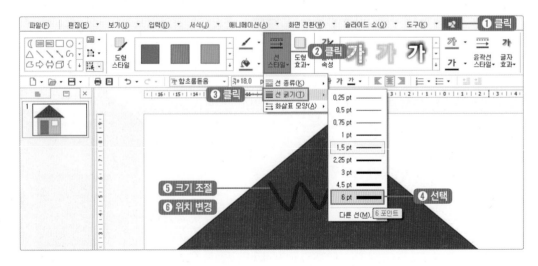

④ 오늘 배운 기능과 아래 그림을 참고하여 작품을 완성합니다.

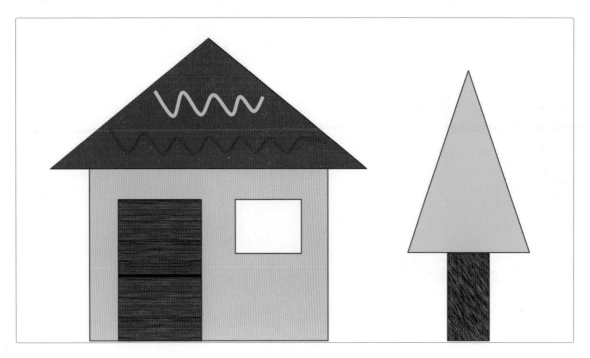

📁 불러올 파일 : 없음 📄 완성된 파일 : 3장_혼자서(완성).show

① 새 프레젠테이션을 열어 아래 그림과 같이 작품을 완성해보세요.

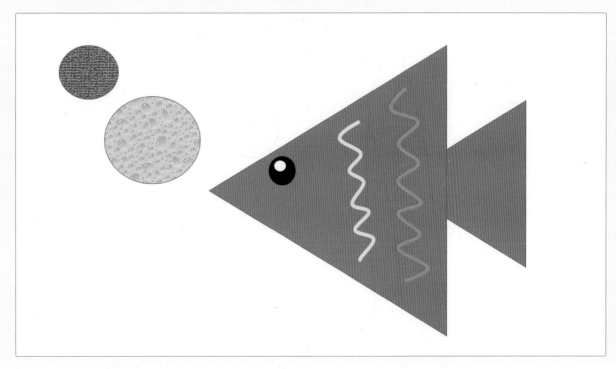

CHAPTER 04 옷 디자인하기

- 도형의 선 종류를 점선으로 변경해봅니다.
- 자유 곡선을 삽입하여 재미있는 무늬로 옷을 디자인합니다.

📂 불러올 파일 : 4장.show   📖 완성된 파일 : 4장(완성).show

● 한쇼의 '자유 곡선' 기능을 이용하면 연필로 그리는 것처럼 자유롭게 선을 그릴 수 있어요. 아래 그림을 참고하여 선을 그리는 연습을 해보세요.

01 도형의 선 종류를 점선으로 변경하기

❶ '4장.show'를 불러온 후 [편집]-[도형]에서 '자세히()' 단추를 클릭한 후, [순서도]-[순서도: 지연()]을 선택합니다.

② 마우스 포인터가 '➕' 모양으로 변경되면 드래그하여 도형을 삽입합니다.

③ 회전점(↻)을 오른쪽 아래 방향으로 드래그하여 도형을 회전한 후 그림과 같이 위치와 크기를 변경합니다.
이어서, [도형(🖼)]-[채우기 색(🪣)]의 목록 단추(▾)를 클릭하여 원하는 색상을 선택합니다.

※ Shift 키를 누른 채 회전점(↻)을 드래그하면 회전 작업이 편리해요.

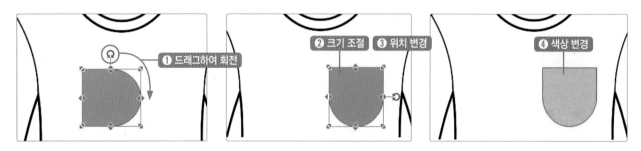

④ [도형(🖼)]-[선 색(✏)]의 목록 단추(▾)를 클릭하여 원하는 색상을 선택한 후, [선 스타일(▦)]-
[선 굵기(▤)]를 선택합니다.

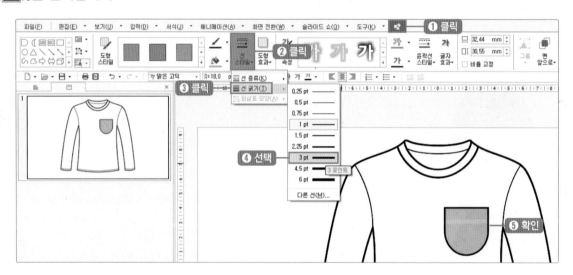

⑤ 이어서, 다시 [선 스타일]을 클릭한 후 선 종류(▦)]에서 원하는 종류의 점선을 선택합니다.

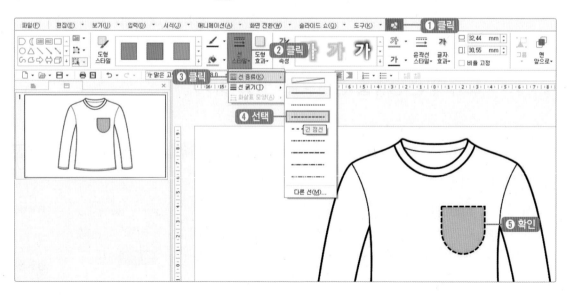

02 자유 곡선 삽입하기

❶ [편집]-[도형]에서 '자세히(↓)' 단추를 클릭한 후, [선]-[자유 곡선(✏)]을 선택합니다.

❷ 마우스 포인터가 '✏' 모양으로 변경되면 옷 위에서 드래그하여 회오리 모양을 그립니다. 이어서, **Ctrl** 키를 누른 채 드래그하여 그림과 같이 회오리 모양을 복사합니다.

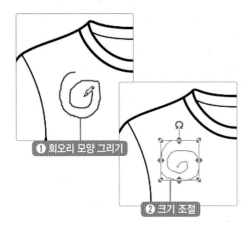

❶ 회오리 모양 그리기
❷ 크기 조절

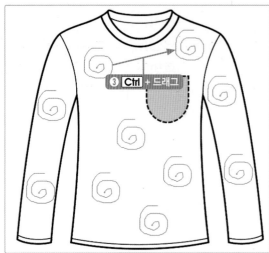

❸ **Ctrl** + 드래그

03 자유 곡선에 투명도 및 서식 지정하기

❶ **Shift** 키를 누른 채 회오리 모양을 모두 선택합니다.

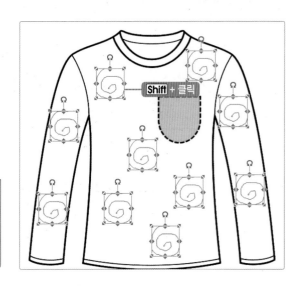

Shift + 클릭

TIP 도형을 더 빠르게 선택하는 방법

Ctrl + **A** 키를 눌러 슬라이드에 삽입된 모든 도형을 선택합니다.
이어서, **Shift** 키를 누른 채 주황색 주머니를 클릭하면 자유 곡선
도형만 빠르게 선택할 수 있습니다.

❷ [도형( )]-[선 스타일( )]-[선 굵기( )]-[다른 선]을 선택합니다.

※ 회오리 모양 위에서 마우스 오른쪽 단추를 클릭한 후 [개체 속성]을 선택해도 결과는 같아요!

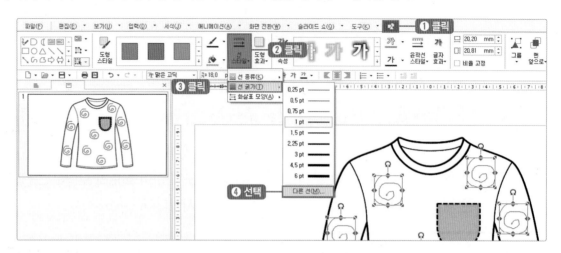

❸ [개체 속성]-[선]에서 '굵기' 입력 칸에 '6'을 입력합니다. 이어서, 투명도를 '70%'로 입력한 후 <설정> 단추를 클릭합니다.

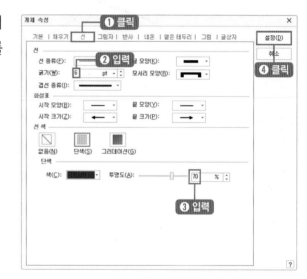

❹ Esc 키를 눌러 모든 선택을 해제한 후 첫 번째 회오리 모양을 클릭합니다.

❺ [도형( )]-[선 색( )]의 목록 단추( )를 클릭하여 원하는 색상을 선택합니다.

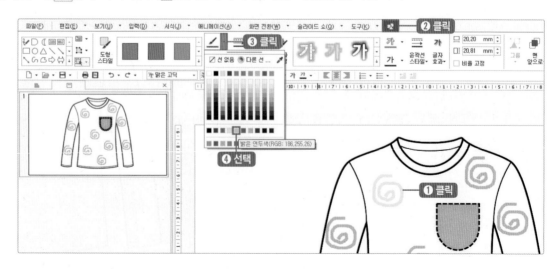

6 이어서, 똑같은 방법으로 다른 회오리 모양들의 색상을 변경합니다.

※ 투명도를 '70%'로 지정했기 때문에 색상이 조금 연하게 보일 수 있어요!

CHAPTER 04 혼자서 뚝딱 뚝딱!

📁 불러올 파일 : 4장_혼자서.show 💾 완성된 파일 : 4장_혼자서(완성).show

1 4장_혼자서.show 파일을 열어 작품을 완성해보세요.

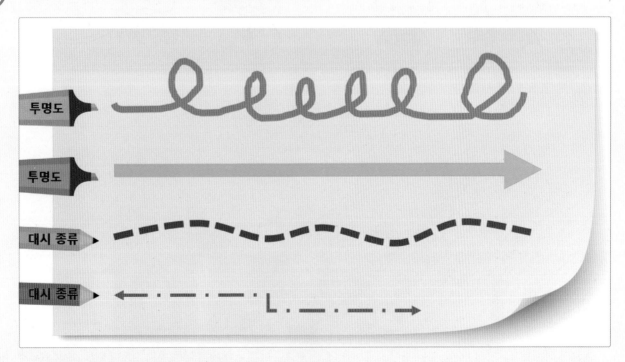

❶ [도형]-[선]에서 원하는 모양의 선으로 작업합니다.

❷ 그림에 쓰여있는 기능을 활용하여 여러 가지 선 모양과 효과를 적용합니다.

CHAPTER 05

즐거운 우리집 만들기

학습목표

● 슬라이드 배경에 이미지를 채워봅니다.

● 사진 꾸미기로 넣기를 활용하여 작품을 꾸며봅니다.

● 도형을 삽입한 후 도형의 서식을 변경합니다.

📁 불러올 파일 : 없음   📄 완성된 파일 : 5장(완성).show

드림캐처는 아메리카 원주민들로부터 유래되었어요. 좋은 꿈을 꾸게 해준다고 하는 드림캐처는 문고리 또는 벽에 걸어놓는 장식용으로 많이 사용되고 있어요. 아래 그림의 파란색 점을 기준으로 자유롭게 선을 그려서 나만의 드림캐처를 완성해보세요.

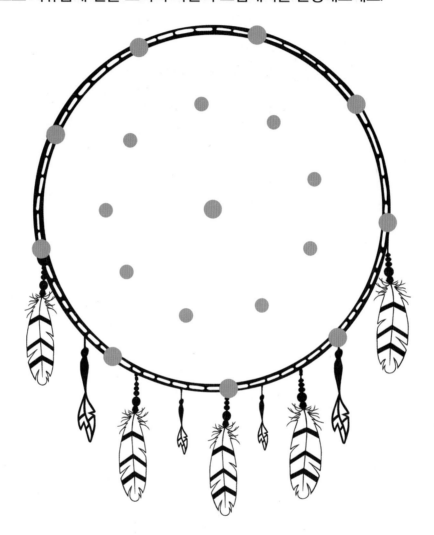

▶ 완성된 드림캐처 예시 이미지

01 슬라이드 배경에 그림을 채우기

① 새 프레젠테이션을 열어 슬라이드 빈 곳 위에서 마우스 오른쪽 단추을 클릭한 후 [레이아웃]-[빈 화면]을 선택합니다.

② 슬라이드 위에서 다시 마우스 오른쪽 단추을 눌러 [배경 속성]을 클릭합니다. 이어서, [채우기]-[질감/그림]-[그림]을 클릭합니다.

③ [불러올 파일]-[5장]-'하늘배경'을 선택한 후 <넣기> 단추를 클릭하고 <적용> 단추를 클릭합니다.

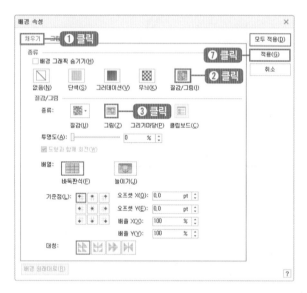
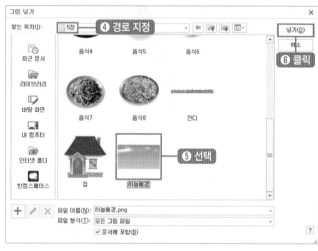

02 사진 꾸미기로 넣기

① [편집]-[그림]-[사진 꾸미기로 넣기(⬛)]을 선택합니다.

② [불러오기(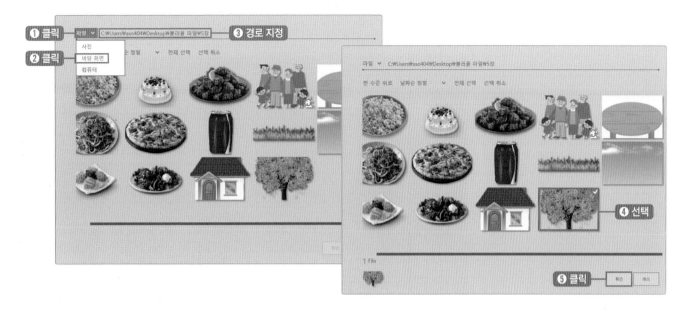)]-[파일]-[바탕화면]을 클릭합니다. 이어서, 이미지를 불러올 폴더에서 '사과나무'를 선택하고 <확인> 단추를 클릭합니다.

③ [효과(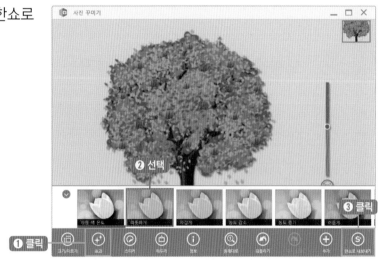)]-[따뜻하게]를 선택하고 <한쇼로 내보내기> 단추을 클릭합니다.

④ 슬라이드에 그림이 삽입되면 크기 및 위치를 적당하게 변경합니다.

⑤ 동일한 방법으로 [사진 꾸미기로 넣기()]를 이용하여 '집,', '잔디', '가족' 이미지를 원하는 효과를 적용
하여 넣어봅니다.

※ 삽입된 그림 위에서 마우스 오른쪽 단추를 눌러 [맨 앞으로] 또는 [맨 뒤로]를 이용하면 해당 그림을 앞·뒤로 배치할
수 있어요.

03 도형을 삽입한 후 선 색 없애기

① [편집]-[도형]에서 '자세히()' 단추를 클릭한 후, [기본 도형]-[하트(♡)]를 선택합니다.

② 마우스 포인터가 '十' 모양으로 변경되면 드래그하여 도형을 삽입합니다.

③ [도형()]-[채우기 색()]의 목록 단추(▼)를 클릭하여 원하는 색상을 선택합니다. 이어서, [선 색()]
의 목록 단추(▼)를 클릭하여 [선 없음]을 선택합니다.

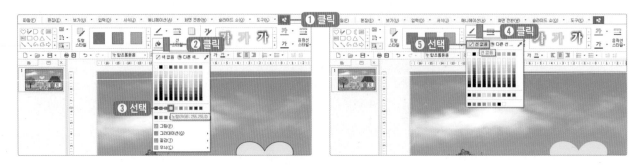

④ 도형의 크기 및 위치를 변경하여 작품을 완성합니다.

📂 불러올 파일 : 없음 🖼 완성된 파일 : 5장_연습(완성).show

① 새 프레젠테이션을 열어 작품을 완성해보세요.

❶ [5장]-'식탁배경' 이미지를 이용하여 배경을 선택합니다.

❷ 사진 꾸미기로 넣기 기능을 이용하여 식탁에 놓고 싶은 음식을 삽입합니다.

CHAPTER 06
부엉이 배경 만들기

- 슬라이드 배경에 질감을 채워봅니다.
- 도형에 텍스트를 입력하고 글꼴 서식을 변경해봅니다.
- 사진 꾸미기로 넣기를 활용하여 작품을 완성해봅니다.

📁 불러올 파일 : 없음 🖼 완성된 파일 : 6장(완성).show

● 키보드에서 영어를 입력하기 위해서는 한/영 키를 눌러 영문 입력 상태로 전환해야 해요. 영문 입력 상태에서 Caps Lock (캡스락) 키를 누르면 대문자 또는 소문자로 전환하여 입력할 수 있어요.

[1] 아래 키보드에서 'LOVE YOU'를 찾아 색칠해보세요.

[2] 'LOVE YOU'는 어떤 뜻일까요?

01 슬라이드 배경에 질감을 채우기

① 새 프레젠테이션을 열어 슬라이드 빈 곳 위에서 마우스 오른쪽 단추을 클릭한 후 [레이아웃]-[빈 화면]을 선택합니다.

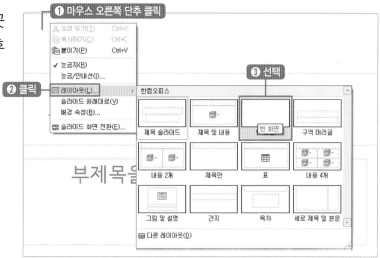

② 슬라이드 위에서 다시 마우스 오른쪽 단추을 눌러 [배경 속성]을 클릭합니다. 이어서, [채우기]-[질감/그림]-[질감]을 클릭한 후 원하는 질감을 선택하고 <적용> 단추를 클릭합니다.

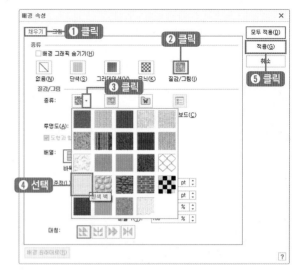

02 도형을 삽입한 후 서식 변경하기

① [편집]-[도형]에서 '자세히(↓)' 단추를 클릭한 후, [사각형]-[모서리가 둥근 직사각형(▢)]를 선택합니다.

② 마우스 포인터가 '➕' 모양으로 변경되면 아래 그림을 참고하여 슬라이드에 도형을 삽입합니다.

① 크기 조절
② 위치 변경

❸ [도형( )]-[채우기 색( )]의 목록 단추( )를 클릭하여 원하는 색상을 선택한 후 [채우기 색( )]
-[그러데이션( )]에서 원하는 그러데이션을 선택합니다.

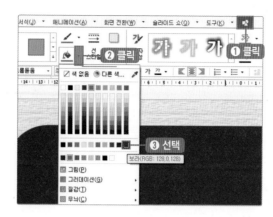 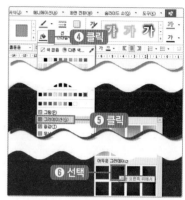

03 도형 안에 텍스트를 입력한 후 글꼴 서식 변경하기

❶ 도형이 선택된 상태에서 'LOVE YOU'를 입력한 후 Esc 키를 눌러 선택을 해제합니다.

※ 키를 눌러 영문 입력 상태로 전환한 후 Caps Lock 키를 눌러 영어 대문자를 입력해요.
※ 'LOVE'를 입력하고 Enter 키를 눌러 아래로 한 줄을 띄운 후 'YOU'를 입력해요.

  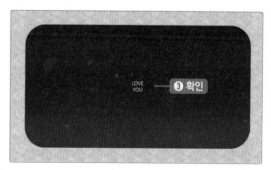

❷ 도형의 테두리가 선택된 것을 확인한 후 [서식] 도구상자에서 원하는 글꼴 서식을 선택합니다.

※ 도형 선택이 해제되었을 경우 도형의 테두리를 마우스로 클릭해요.
※ 글꼴 크기는 입력 칸에 '120'을 입력한 후 Enter 키를 누르면 적당한 크기로 지정할 수 있어요.

사진 꾸미기로 넣기

① [편집]-[그림]-[사진 꾸미기로 넣기(▨)]을 선택합니다.

② [불러오기(▣)]-[파일]-[바탕화면]을 클릭합니다. 이어서, 이미지를 불러올 폴더에서 '부엉이'를 선택하고 <확인> 단추를 클릭합니다.

③ [효과(⊕)]-[차갑게]를 선택하고 <한쇼로 내보내기> 단추을 클릭합니다.

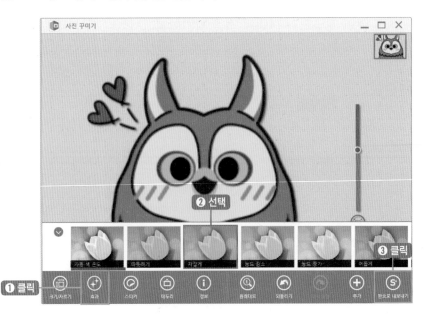

④ 슬라이드에 그림이 삽입되면 크기 및 위치를 적당하게 변경합니다.

⑤ 동일한 방법으로 [사진 꾸미기로 넣기()]를 이용하여 '별똥별' 이미지를 원하는 효과를 적용하여 넣어 봅니다.

📁 불러올 파일 : 없음   📄 완성된 파일 : 6장_혼자서(완성).show

1 새 프레젠테이션을 열어 아래 그림과 같이 작품을 완성해보세요.

❶ [배경 속성]-[그러데이션]에서 '중지점'을 변경하여 배경을 지정합니다.

❷ [기본 도형]-[모서리가 접힌 도형(□)]을 삽입한 후 그러데이션으로 색을 채우고 선 스타일 서식을 변경합니다.

❸ 사진 꾸미기로 넣기 기능을 이용하여 그림을 삽입합니다.

컴퓨터의 구성 장치 알아보기

- 그림과 도형을 삽입합니다.
- 화살표를 삽입하여 개체(그림, 도형)를 서로 연결합니다.
- 화살표의 선 스타일 서식을 변경합니다.

📁 불러올 파일 : 7장.show 💾 완성된 파일 : 7장(완성).show

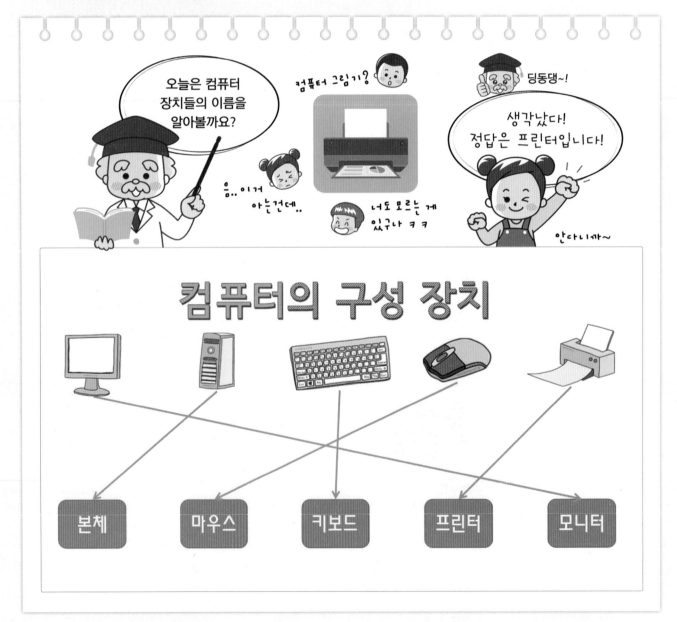

다음은 한쇼의 [입력] 메뉴에 있는 아이콘이에요. 해당 아이콘의 이름을 적어보세요.

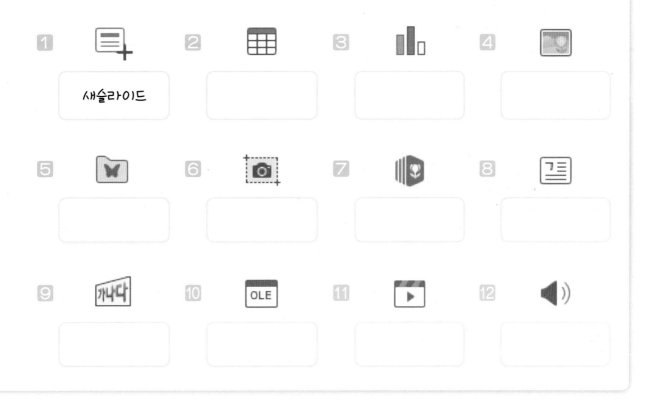

1. 새슬라이드
2.
3.
4.

5.
6.
7.
8.

9.
10.
11.
12.

---

01 슬라이드에 그림 삽입하기

① '7장.show'를 불러온 후 [편집]–[그림()]을 클릭합니다. 이어서, [불러올 파일]–[7장]–'장치1'을 선택한 후 <넣기> 단추를 클릭합니다.

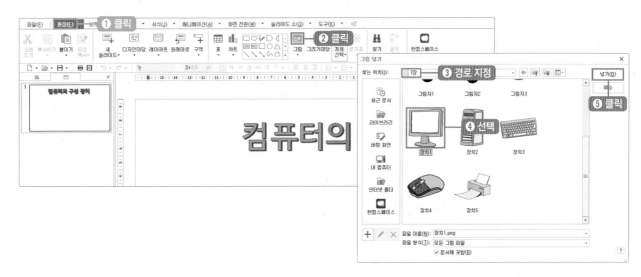

② 삽입된 그림의 크기와 위치를 아래 그림과 같이 변경합니다. 이어서, 동일한 방법으로 '장치2~장치5'를 슬라이드에 삽입합니다.

02 도형을 삽입하고 텍스트 입력하기

① [편집]-[도형]에서 '자세히(↓)' 단추를 클릭한 후, [사각형]-[모서리가 둥근 직사각형(▢)]를 선택합니다.

② 마우스 포인터가 '＋' 모양으로 변경되면 드래그하여 도형을 삽입합니다.

③ [도형(◩)]-[채우기 색(◨)]의 목록 단추(▾)를 클릭하여 원하는 색상을 선택합니다. 이어서, 도형을 참고하여 크기와 위치를 변경합니다.

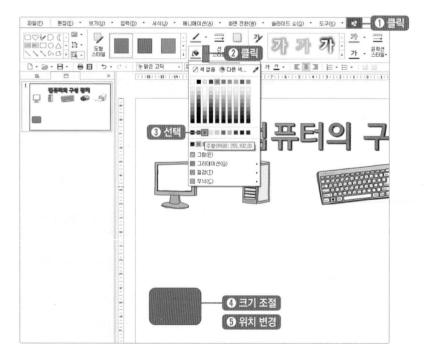

④ 도형이 선택된 상태에서 '본체'를 입력 한 후 Esc 키를 누릅니다.

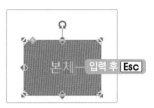

⑤ [서식] 대화상자에서 원하는 글꼴 서식을 선택합니다.

※ 글꼴의 크기는 25~30pt 정도로 지정 하면 적당할 거예요.

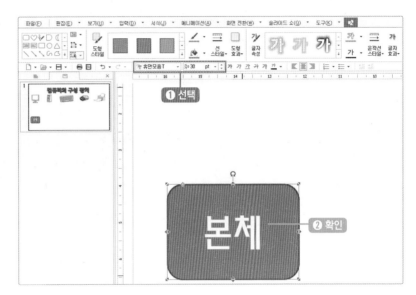

⑥ Ctrl + Shift 키를 누른 채 오른쪽으로 드래그하여 복사합니다. 이어서, 같은 작업을 3번 더 반복합니다.

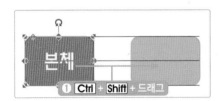

⑦ 두 번째 도형 안쪽의 텍스트를 더블 클릭하여 블록으로 지정합니다. 이어서, Delete 키를 눌러 '본체'를 삭제하고 '마우스'를 입력한 후 Esc 키를 누릅니다.

⑧ 동일한 방법으로 나머지 도형들도 그림과 같이 텍스트를 수정합니다.

❶ [편집]-[도형]에서 '자세히(↓)' 단추를 클릭한 후, [선]-[화살표(↘)]를 선택합니다.

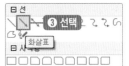

❷ 마우스 포인터가 '✛' 모양으로 변경되면 그림과 같은 이름의 도형을 찾아 드래그합니다.

　※ 그림 아래쪽에 나타나는 점을 클릭한 후 화살표 조절점을 도형으로 드래그하여 그리는 방법도 있어요!

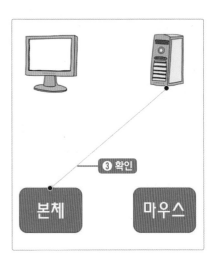

❸ [도형(▨)]-[선 스타일(☰)]-[선 굵기(☰)]를 클릭하여 원하는 선 굵기를 선택합니다.

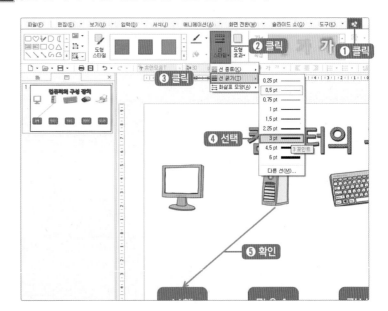

❹ 동일한 방법으로 그림과 같은 이름의 도형을 찾아 화살표를 연결하여 작품을 완성합니다.

혼자서 뚝딱 뚝딱!

📂 불러올 파일 : 7장_혼자서.show 📄 완성된 파일 : 7장_혼자서(완성).show

1 7장_혼자서.show 파일을 열어 아래 그림과 같이 작품을 완성해보세요.

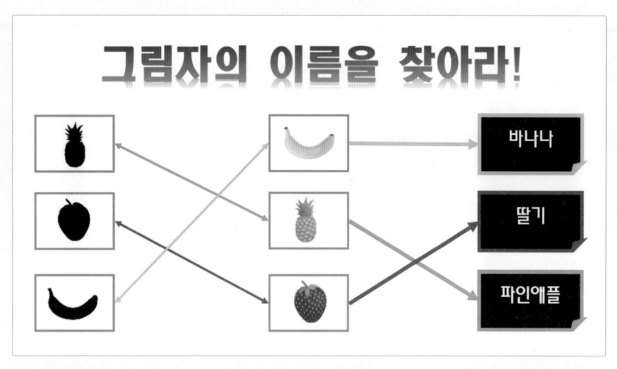

❶ [7장]-'그림자1~3', '과일1~3' 이미지를 사용하여 작업합니다.

❷ [도형]-[기본 도형]-[모서리가 접힌 도형(▢)]으로 작업합니다.

❸ [도형]-[선]에서 원하는 모양의 선으로 작업합니다.

TIP 화살표의 머리 유형과 크기 등을 변경하는 방법

삽입된 화살표 위에서 마우스 오른쪽 단추를 눌러 [개체 속성]을 클릭한 후 [선] 탭에서 화살표 모양 및 크기 등을 변경할 수 있습니다.

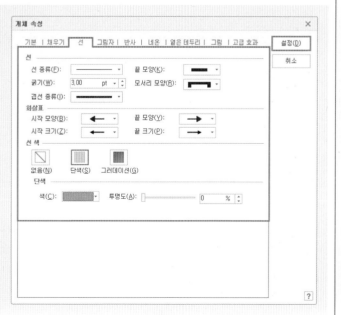

단원 종합 평가 문제

학 습 목 표

● 1장~7장에서 배운 내용을 평가해봅니다.

1 다음과 같이 그림 효과를 줄 수 있는 한쇼 NEO 기능은 무엇인가요?

❶ 사진 꾸러미로 넣기

❷ 그리기 마당

❸ 앨범 만들기

❹ 워드숍

2 그림에서 동그라미 도형에 사용한 기능은 무엇인가요?

❶ 맨 앞으로

❷ 좌우 대칭

❸ 상하 대칭

❹ 맨 뒤로

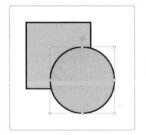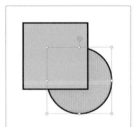

3 다음은 어떤 도형일까요?

❶ [기본 도형]-원형

❷ [선]-곡선

❸ [선]-자유 곡선

❹ [기본 도형]-도넛

4 [도형] 탭의 '채우기 색'에 없는 기능은 무엇인가요?

❶ 그러데이션   ❷ 질감   ❸ 두께   ❹ 그림

5. 도형을 반듯하게 복사하는 방법은 무엇인가요?

❶ Enter + 드래그

❷ Enter + Shift + 드래그

❸ Shift + 드래그

❹ Ctrl + Shift + 드래그

6. 작업 순서를 참고하여 아래 그림과 같이 슬라이드를 완성하세요.

📂 불러올 파일 : 없음   📄 완성된 파일 : 8장(완성).show

〈작업 순서〉

❶ [레이아웃]-[빈 화면] 선택

❷ [배경 속성]-[질감/그림]-'거울배경' 그림으로 선택

❸ [기본 도형]-[타원(○)]을 삽입 → 도형 및 도형 선 서식 변경

❹ '요술램프' 그림 삽입

❺ [그림]-'지니' 그림 삽입 → 그림을 복사 → [회전]-[좌우 대칭]

윙크하는 캐릭터 만들기

- 도형을 그룹화하고 복사해봅니다.
- 도형에 깜박이기 애니메이션을 적용해봅니다.

📁 불러올 파일 : 9장.show 🖼 완성된 파일 : 9장(완성).show

● 한쇼의 애니메이션 기능을 이용하여 움직이는 캐릭터를 만들 수 있어요. [9장]–'스톱모션. gif'를 열어 애니메이션을 확인한 후 아래 빈칸에 들어갈 맞은 액션을 그려 넣어 보세요.

---

01 오른쪽 눈 만들기

① '9장.show'를 불러온 후 [편집]–[도형]에서 '자세히(↓)' 단추를 클릭한 후, [기본 도형]–[타원(◯)]를 선택합니다.

② **Shift** 키를 누른 채 다음과 같이 도형을 그린 후 도형 서식을 변경합니다.

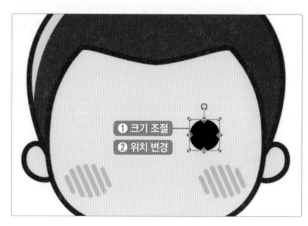

● 채우기 색 : 검정색 계열

● 선 색 : 선 없음

③ 동일한 방법으로 타원(◯)을 이용하여 안쪽 눈을 그린 후 도형 서식을 변경합니다.

- 채우기 색 : 흰색 계열
- 선 색 : 선 없음

④ 그림과 같이 드래그하여 두 개의 도형을 모두 선택한 후 선택된 도형 위에서 마우스 오른쪽 단추를 눌러 [그룹화]-[개체 묶기]을 클릭합니다.

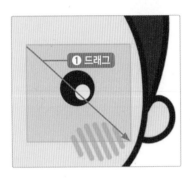

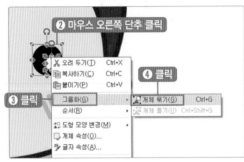

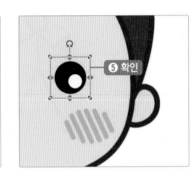

 윙크하는 왼쪽 눈 만들기

① [편집]-[도형]에서 '자세히(⤓)' 단추를 클릭한 후, [기본 도형]-[달(☾)]를 선택한 후 그림과 같이 삽입합니다.

※ 왼쪽 윙크하는 눈은 동그란 눈보다 크기가 작아야 해요!

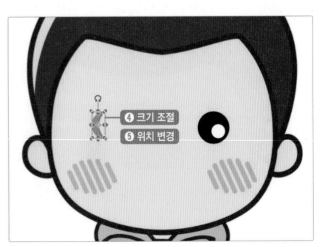

② [도형()]-[회전()]-[오른쪽으로 90도 회전()]를 선택합니다.

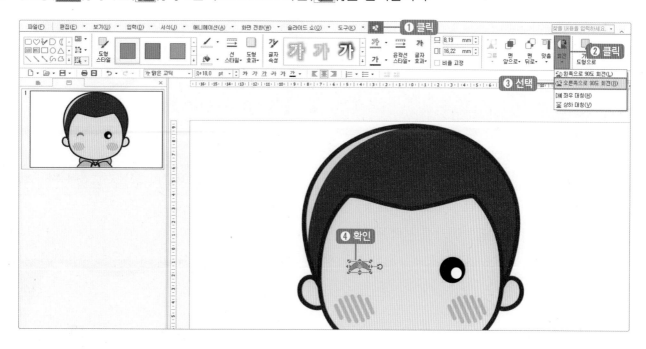

③ 다음 조건에 맞추어 도형 서식을 변경합니다.

● 채우기 색 : 검정색 계열

● 선 색 : 선 없음

03 도형을 복사한 후 애니메이션 적용하기

❶ Ctrl + Shift 키를 누른 채 그룹으로 지정된 오른쪽 눈을 왼쪽으로 드래그하여 복사합니다.

※ Ctrl + Shift 키를 누른 채 드래그하면 도형을 반듯하게 복사할 수 있어요.

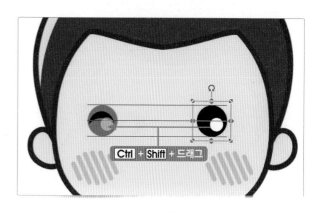

❷ 복사된 왼쪽 눈이 선택된 상태에서 [애니메이션]-[애니메이션 추가(⭐)]를 클릭합니다.

❸ 이어서, [강조]에서 '깜박이기'를 선택합니다.

❹ [애니메이션]-[애니메이션 작업 창(⭐)]을 클릭합니다.

❺ 오른쪽 작업 창이 활성화되면 적용된 애니메이션을 더블 클릭한 후 타이밍을 다음과 같이 변경합니다.

- 시작 : 이전 효과와 함께
- 반복 : 슬라이드가 끝날 때까지

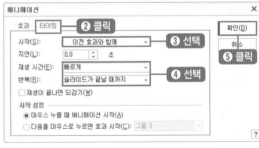

❻ 여러 가지 도형을 이용하여 얼굴을 완성한 후 F5 키를 눌러 적용된 애니메이션을 확인합니다.

※ 입을 그릴 때는 [기본 도형]-[달(☽)]을 사용했어요. 도형을 회전시킨 후 보이는 노란색 조절점(◉)을 위쪽으로 드래그 하면 도형의 모양을 변형할 수 있답니다.

※ Esc 키를 누르면 [슬라이드 쇼]를 종료할 수 있어요.

CHAPTER 09 혼자서 뚝딱 뚝딱!

📁 불러올 파일 : 없음　🖥 완성된 파일 : 9장_혼자서(완성).show

① 새 프레젠테이션을 열어 아래 그림과 같이 작품을 완성해보세요.

❶ 사용한 도형 : [기본 도형]-[원형(◔)], [타원(◯)], [하트(♡)]

❷ 작업 순서 : 입을 벌린 팩맨을 작업한 후 그룹으로 지정 → [하트(♡)] 삽입 → 그룹으로 지정된 입을 벌린 팩맨을 복사 → 복사된 팩맨의 얼굴을 선택된 상태에서 클릭 → 위쪽 노란색 조절점(◉)을 오른쪽 아래로 드래그 → Esc 키를 눌러 모든 선택 해제 → 입을 벌린 팩맨 앞쪽으로 드래그 → 입을 다문 팩맨에 애니메이션 적용(깜박이기)

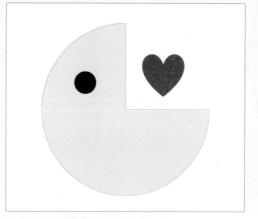 ▶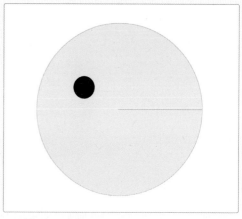

▲ 입을 벌린 팩맨　　　　　　　　　　▲ 입을 다문 팩맨

CHAPTER 10

다람쥐 동시 꾸미기

학습목표

- 텍스트에 여러 가지 글꼴 서식을 지정합니다.
- 입력된 텍스트의 정렬을 변경합니다.
- 슬라이드 배경에 이미지를 채운 후 투명도를 적용해봅니다.

📁 불러올 파일 : 10장.show　📄 완성된 파일 : 10장(완성).show

● 가로 세로 낱말 퍼즐을 풀어보세요.

문제

❶ 오늘 배울 동시의 주인공

❷ 공룡이 살던 시대로 쥐라 산맥에서 유래된 명칭

❸ 테니스, 배드민턴, 탁구 등의 스포츠에서 공을 치는 기구

❹ 비가 그친 뒤 나타나는 일곱 빛깔의 줄

❺ 봄에 피는 노란색 꽃

❻ 여름에 갑자기 세차게 내리는 비

❼ 목이 아주 긴 동물

❽ 중국요리 중 하나

❾ 배 안의 선원들을 책임지고 통솔 하는 최고 책임자

❿ 수염을 깎을 때 이용하는 도구

---

01 제목 입력 및 서식 지정하기

① '10장.show'를 불러온 후 제목을 입력합니다.

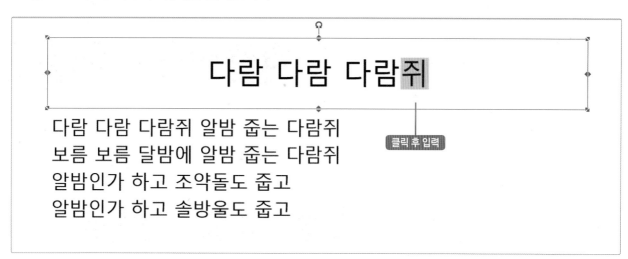

② 입력된 제목을 블록으로 지정한 후 [도형( )]-[글자 채우기(가)]-'본문/배경 – 어두운 색 1'과 [윤곽선 스타일( )]-[윤곽선 굵기( )]-'3pt'를 선택합니다.

③ 그림을 참고하여 [서식] 대화상자에서 글꼴 서식을 변경합니다.

※ 글꼴 서식을 변경할 때는 변경하려는 텍스트를 블록으로 지정하거나, 텍스트 상자의 테두리를 선택한 후 작업해요.

● 글꼴(휴먼모음T) → 글꼴 크기(80pt) → 진하게(가) 선택

④ 그림을 참고하여 [서식] 대화상자에서 원하는 글자 색을 선택합니다.

※ 특정 단어를 블록으로 지정한 후 작업하면 해당 단어만 색상을 다르게 지정할 수 있어요.

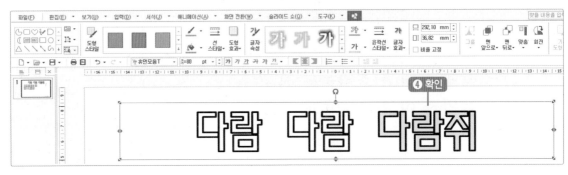

02 내용 서식 지정하기

① 내용을 클릭하여 활성화된 텍스트 상자의 테두리를 선택한 후 [도형( )]-[글자 채우기(간)]-'본문/배경 - 어두운 색 1'을 선택합니다.

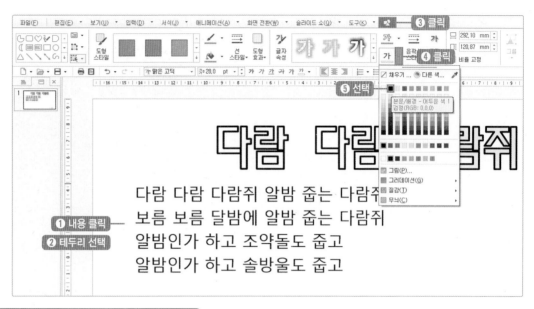

TIP 글꼴 서식을 변경하기 전에 꼭 기억하세요!

글꼴 서식을 변경하기 위해 텍스트를 선택할 때는 해당 내용을 블록으로 지정하거나 텍스트 상자의 테두리를 선택한 후 작업하도록 합니다.

② 그림을 참고하여 [서식] 대화상자에서 원하는 글꼴 서식을 선택합니다.

※ 글꼴의 크기는 44~48pt 정도로 지정하면 적당할 거예요.

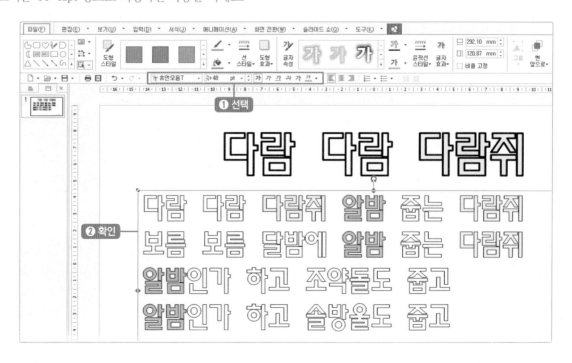

❸ 내용 텍스트 상자의 테두리를 클릭한 후 [도형(　)]-[글자 속성(　)]을 클릭합니다. 이어서 [글상자]-[가로]-'가운데 정렬(　)'과 [세로]-'가운데 맞춤(　)'을 선택하고 <설정> 단추를 클릭합니다.

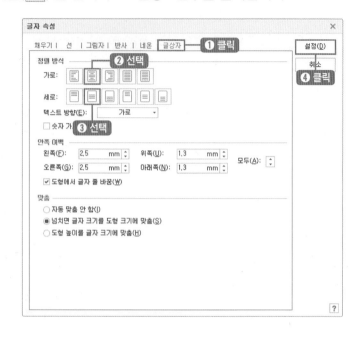

❸ 슬라이드 배경에 그림을 채우기

❶ 슬라이드의 빈 곳 위에서 마우스 오른쪽 단추을 눌러 [배경 속성]을 클릭합니다. 이어서, [채우기]-[질감/그림(　)]-[그림(　)]을 클릭한 후 [불러올 파일]-[10장]-'다람쥐배경' 이미지를 선택합니다.

❷ 투명도를 '50%' 정도로 입력하고 <적용> 단추를 클릭합니다.
　※ 투명도의 숫자가 높아질수록 배경에 삽입된 그림이 투명해져요!

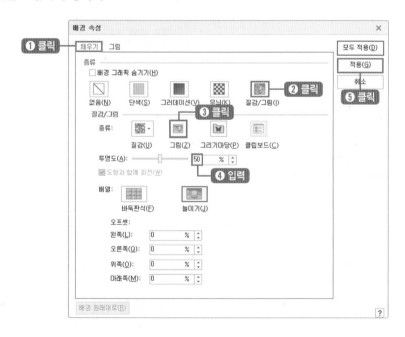

📁 불러올 파일 : 10장_혼자서.show 📄 완성된 파일 : 10장_혼자서(완성).show

1 10장_혼자서.show 파일을 열어 아래 그림과 같이 작품을 완성해보세요.

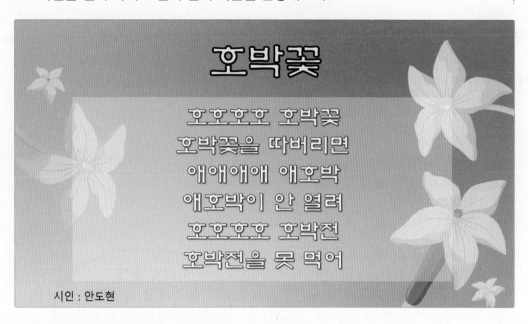

❶ 제목을 입력한 후 제목의 글꼴 서식을 변경합니다.

❷ 내용의 글꼴 서식을 변경한 후 가운데로 정렬합니다.

❸ [불러올 파일]-[10장]-'호박꽃배경' 이미지를 이용하여 배경을 선택합니다.

❹ 내용이 입력된 텍스트 상자에 색상을 채운 후 투명도를 입력합니다.

TIP 텍스트 상자에 투명도를 지정하는 방법

내용이 입력된 텍스트 상자 안에서 마우스 오른쪽 단추를 눌러 [글자 속성]을 클릭합니다. [글자 속성] 대화상자에서 채우기 -'단색'을 클릭한 후, 원하는 색상을 선택하여 '투명도'를 적당하게 조절합니다.

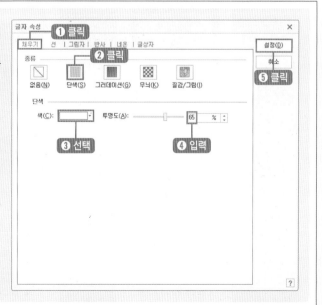

일러스트 앨범 만들기

● 텍스트의 정렬을 변경해봅니다.
● 그림에 여러 가지 스타일을 적용하여 꾸며봅니다.

📁 **불러올 파일** : 11장.show 📄 **완성된 파일** : 11장(완성).show

1️⃣ 추억이 있는 장소나 상황은 오랫동안 기억하고 싶어져요. 기억하고 싶은 순간을 사진으로 남겨 앨범으로 간직한다면 보고 싶을 때마다 꺼내어 볼 수 있지요!

▶ 나만의 앨범에 넣고 싶은 소중한 순간을 생각해 본 후 당시 상황을 적어보세요.

> 예 강아지와 함께 바다에 놀러갔었는데 수영을 잘해서 깜짝 놀랐어요.

2️⃣ 그림에 숨어 있는 물건들을 찾아보세요.

☐ 시계 ☐ 연필 ☐ 책 ☐ 농구공 ☐ 음표 ☐ 오리 ☐ 공룡 ☐ 고추

① '11장.show'를 불러옵니다. 이어서, 슬라이드의 빈 곳 위에서 마우스 오른쪽 단추을 눌러 [배경 속성]을 클릭한 후 [배경 속성] 대화상자가 나오면 [채우기]-[질감/그림( )]에서 원하는 질감을 선택하고 <적용> 단추를 클릭합니다.

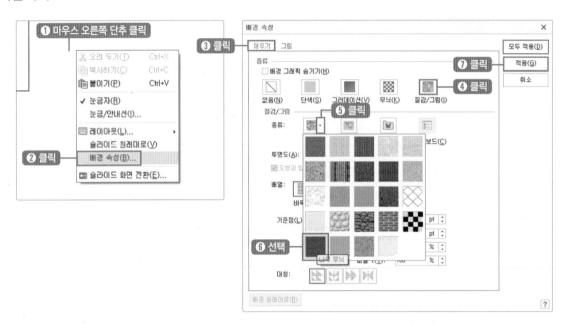

② 삽입된 도형을 선택한 후 [서식] 대화상자에서 원하는 글꼴을 선택합니다. 이어서, [도형( )]-[글자 속성( )]을 클릭한 후 [글자 속성] 대화상자가 나오면 [글상자]-[세로]-'아래쪽 맞춤( )'을 선택하고 <설정> 단추를 클릭합니다.

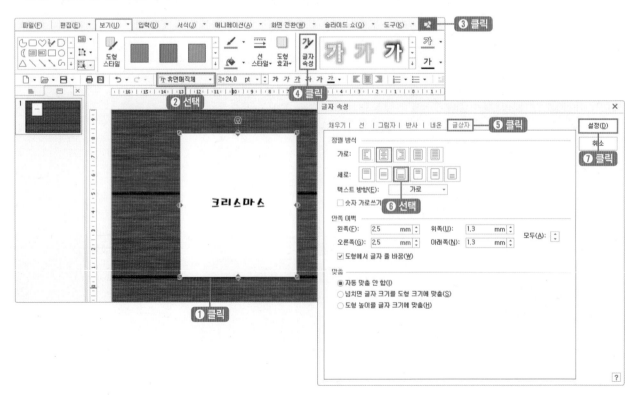

❸ **Ctrl** + **Shift** 키를 누른 채 도형을 드래그하여 아래 그림과 같이 복사합니다.

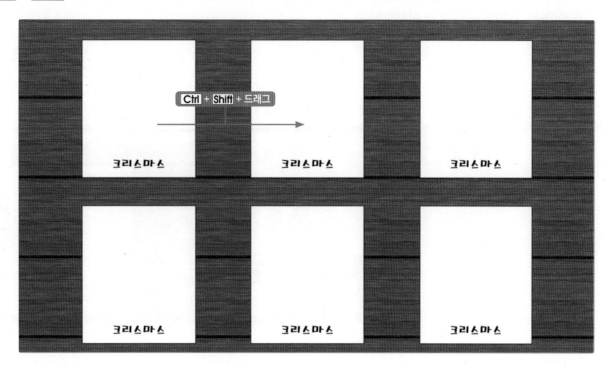

그림을 삽입하고, 그림 스타일 적용하기

❶ [편집]-[그림()]을 클릭한 후 [불러올 파일]-[11장]-'일러스트1'을 선택하여 <넣기> 단추를 클릭합니다.

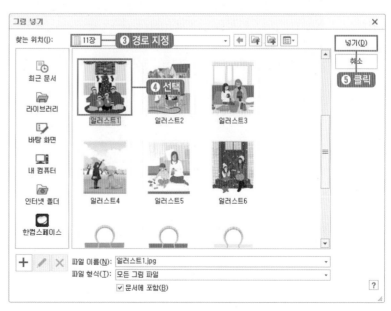

② 그림의 위치를 아래와 같이 변경한 후 [도형(　)]-[그림 스타일]에서 '자세히(▼)' 단추를 클릭합니다. 이어서, 원하는 스타일을 선택합니다.

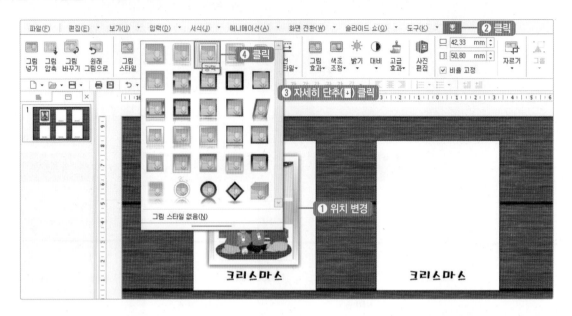

③ 아래 그림을 참고하여 입력된 텍스트를 수정하고, 알맞은 그림을 삽입합니다. 이어서, 각각의 그림에 여러 가지 스타일을 적용합니다.

※ '크리스마스' 텍스트를 블록으로 지정한 후 새로운 내용을 입력하세요.

④ [편집]-[그림(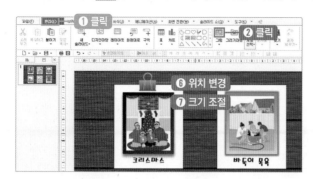)]을 클릭한 후 [불러올 파일]-[11장]-'집게' 이미지를 삽입하여 작품을 완성합니다.

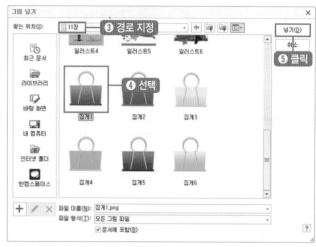

혼자서 뚝딱 뚝딱!

📂 불러올 파일 : 11장_혼자서.show   🖥 완성된 파일 : 11장_혼자서(완성).show

1 11장_혼자서.show 파일을 열어 아래 그림과 같이 작품을 완성해보세요.

❶ 슬라이드 배경에 원하는 질감을 채웁니다.

❷ 삽입된 도형을 선택한 후 [도형(◪)]-[글자 속성(⑦)]을 클릭합니다. 이어서 [글상자]-[텍스트 방향]-'세로', [가로]-'오른쪽 정렬(▤)'을 선택하고 <설정> 단추를 클릭합니다.

❸ 도형을 복사한 후 내용을 수정하고, 알맞은 그림을 삽입합니다.

❹ 그림에 여러 가지 스타일을 적용합니다.

※ 그림 테두리의 색상은 [도형]-[선 색]에서 변경할 수 있어요.

우쿨렐레 만들기

● 도형 개체 묶기 기능을 이용해서 새로운 도형을 만들어봅니다.

● 개체를 그룹으로 지정한 후 복사합니다.

● 도형을 무늬로 채워봅니다.

📂 불러올 파일 : 없음　📁 완성된 파일 : 12장(완성).show

배운 내용 미리보기!

● '병합'이란 두 개 이상의 모양을 하나의 개체로 합치는 것을 뜻하며 다양한 도형을 병합하여 새로운 모양의 도형을 만들 수도 있답니다. 아래 그림은 하트 4개와 곡선을 병합하여 네 잎 클로버를 만든 것이에요. 연필을 떼지 않고 한 번에 네 잎 클로버를 그려볼까요?

▶ 따라서 그려보세요!

---

01 슬라이드 배경에 그림을 채우기

① 새 프레젠테이션을 열어 슬라이드 빈 곳 위에서 마우스 오른쪽 단추을 클릭한 후 [레이아웃]-[빈 화면]을 선택합니다.

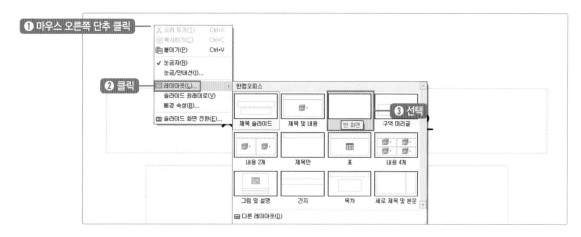

② 슬라이드 위에서 마우스 오른쪽 단추를 눌러 [배경 속성]을 클릭합니다. 대화 상자가 활성화되면 [채우기] -[질감/그림]를 선택한 후 <그림>을 클릭합니다.

③ [불러올 파일]-[12장]-'우쿨렐레배경'을 선택하고 <적용> 단추를 클릭합니다.

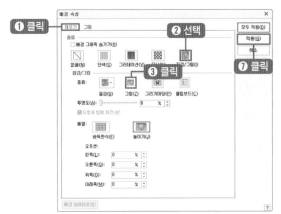

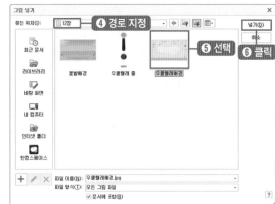

02 도형 개체 묶기 기능을 사용하여 새로운 도형 만들기

① [편집]-[도형]에서 '자세히(▼)' 단추를 클릭한 후, [기본 도형]-[타원(○)]을 클릭한 후 그림과 같이 도형을 삽입합니다.

※ Shift 키를 누른 채 도형을 삽입하면 가로 세로 비율이 똑같은 도형을 그릴 수 있어요.

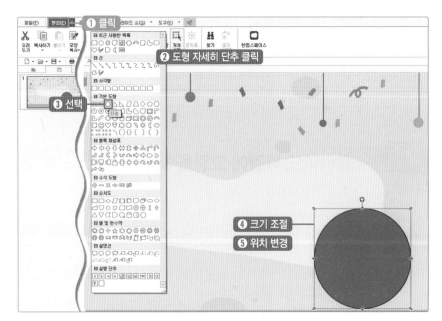

② 동일한 방법으로 '타원'을 한 개 더 삽입한 후 그림과 같이 크기와 위치를 변경합니다.

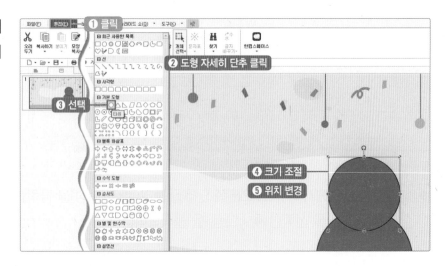

❸ 그림과 같이 드래그하여 도형을 선택한 후 [도형(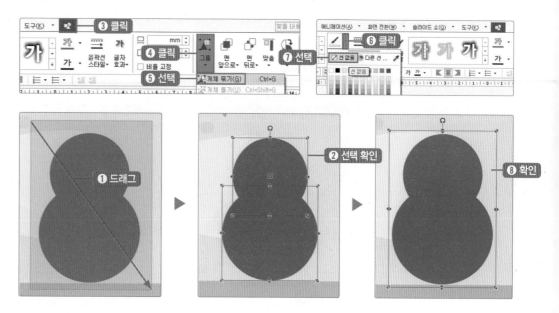)]-[그룹(📐)]-'개체 묶기'를 선택합니다. 이어서 [선 색(✎)]-'선 없음'을 선택합니다.

※ Ctrl + A 키를 눌러 슬라이드에 삽입된 모든 도형을 한 번에 선택할 수도 있어요.

❹ [편집]-[그림(🖼)]을 클릭한 후 [불러올 파일]-[12장] -'우쿨렐레 줄'을 선택하고 <넣기> 단추를 클릭합니다.

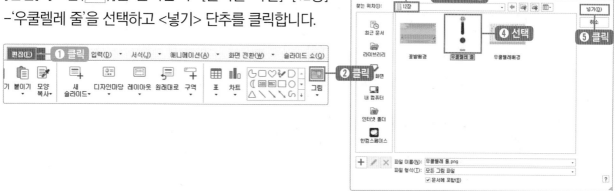

❺ 아래 그림을 참고하여 우쿨렐레 줄의 크기를 조절한 후 위치를 변경합니다.

❻ 병합된 도형의 크기를 적당하게 조절합니다.

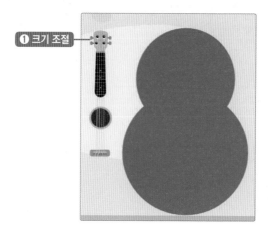
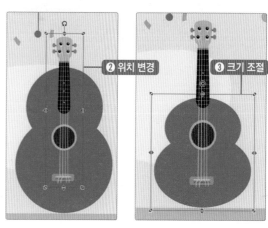

❶ **Ctrl** + **A** 키를 눌러 모든 개체를 선택합니다. 이어서, 개체 위에서 마우스 오른쪽 단추를 눌러 [그룹화]–[개체 묶기]을 선택합니다.

❷ 그룹으로 지정된 우쿨렐레의 몸통을 **Ctrl** 키를 누른 상태에서 몸통을 클릭하여 몸통을 모두 선택한 후 우쿨렐레의 몸통 위에서 마우스 오른쪽 단추를 눌러 [개체 속성]을 선택합니다.

❸ 대화 상자가 활성화되면 [채우기]–[무늬]를 클릭하여 원하는 전경색과 종류를 선택하고 <설정> 단추를 클릭합니다.

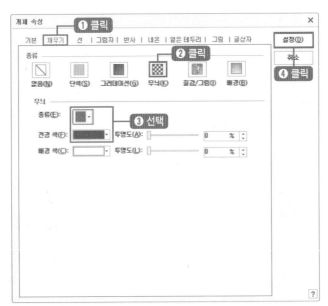 

④ 완성된 우쿨렐레를 왼쪽으로 두 개 복사합니다. 이어서, '우쿨렐레 몸통'을 원하는 방법으로 도형을 채워 슬라이드를 완성합니다.

※ 이전에 배웠던 '질감 채우기'와 '그러데이션 채우기'를 사용해요.

 ## 혼자서 뚝딱 뚝딱!

📂 불러올 파일 : 없음 📁 완성된 파일 : 12장_혼자서(완성).show

① 새 프레젠테이션을 열어 아래 그림과 같이 작품을 완성해보세요.

❶ [불러올 파일]-[12장]-'꽃밭배경' 이미지를 이용하여 배경을 선택합니다.

❷ [기본 도형]-[하트(♡)] 4개를 삽입한 후 개체 묶기하여 꽃잎을 작업합니다.

❸ 꽃잎 외 사용한 도형 : [순서도]-[순서도: 가산 접합(⊗)], [기본 도형]-[이등변 삼각형(△)]

※ 도형을 그룹으로 지정하지 않은 채 크기를 조절하면 도형이 각각 흩어져 다시 배치하는 번거로움이 생기게 되므로 하나의 꽃이 완성되면 그룹으로 지정한 후 작업하도록 해요.

꿀벌이 집 찾아주기

학 습 목 표

● 도형을 삽입한 후 자유 곡선 이동 경로 애니메이션을 적용해봅니다.

● 애니메이션의 타이밍을 지정하여 애니메이션이 적용된 슬라이드를 완성합니다.

📂 불러올 파일 : 13장.show 📄 완성된 파일 : 13장(완성).show

배운 내용 미리보기!

창의력 플러스

작은 숫자부터 큰 숫자까지 세어가며 순서대로 점을 이어보세요.

1

2

이미지를 삽입한 후 애니메이션을 적용하기

❶ '13장.show'를 불러옵니다. 이어서, [편집]-[그림( )]을 클릭한 후 [불러올 파일]-[13장]-'꿀벌이'를 선택하여 삽입합니다.

❷ [도형( )]-[회전( )]-[좌우 대칭( )]을 선택한 후 그림과 같이 위치를 변경합니다.

❸ 그림이 선택된 상태에서 [애니메이션]-[애니메이션 추가]-[이동 경로]-[자유 곡선( )]를 선택합니다.

※ 애니메이션 추가를 눌렀을 때 '자유 곡선( )'이 보이지 않는다면 스크롤 바를 내려보세요.

④ 마우스 포인터가 '✏️' 모양으로 변경되면 점선을 따라 드래그합니다.
   ※ 경로가 끝나는 부분에서 더블 클릭해요.

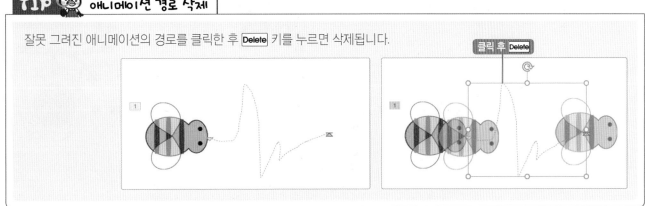

잘못 그려진 애니메이션의 경로를 클릭한 후 Delete 키를 누르면 삭제됩니다.

☑️ 애니메이션의 타이밍을 설정하기

① [애니메이션]-[애니메이션 작업 창(⭐)]을 클릭합니다.

❷ 오른쪽 작업 창이 활성화되면 적용된 애니메이션을 더블 클릭한 후 [타이밍] 탭을 클릭하여 다음과 같이 변경합니다.

- 시작 : 이전 효과와 함께
- 재생 시간 : 느리게
- 반복 : 슬라이드가 끝날 때까지

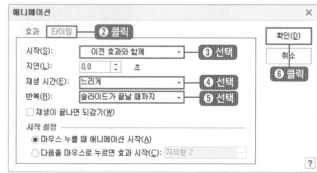

❸ F5 키를 눌러 [슬라이드 쇼]를 실행한 후 애니메이션을 확인합니다.

※ Esc 키를 누르면 [슬라이드 쇼]를 종료할 수 있어요.

TIP 애니메이션 타이밍

❶ 시작
- 클릭할 때 : Enter 키 등을 누르거나 화면을 클릭하면 애니메이션이 재생됩니다.
- 이전 효과와 함께 : 애니메이션이 자동 재생됩니다.
- 이전 효과 다음에 : 두 개 이상의 애니메이션이 적용되었을 때, 먼저 적용된 애니메이션이 끝난 후 재생됩니다.

❷ 지연
- 애니메이션이 바로 재생되지 않고 설정한 시간이 지난 후 재생됩니다.

❸ 재생 시간
- 애니메이션의 실행 속도를 지정할 수 있습니다.

❹ 반복
- 2~10(또는 숫자 입력) : 지정된 횟수만큼 애니메이션이 반복 재생됩니다.
- 다음 마우스를 누를 때까지 : 화면을 클릭할 때까지 애니메이션이 반복 재생됩니다.
- 슬라이드가 끝날 때까지 : 해당 슬라이드가 종료되기 전까지 애니메이션이 반복 재생됩니다.

📂 불러올 파일 : 없음 📄 완성된 파일 : 13장_혼자서(완성).show

① 새 프레젠테이션을 열어 아래 그림과 같이 작품을 완성해보세요.

❶ [불러올 파일]-[13장]-'농구배경' 이미지를 슬라이드 배경으로 선택합니다.

❷ [불러올 파일]-[13장]-'골대그물' 이미지를 삽입하여 농구 골대를 완성합니다.

❸ [순서도]-[순서도: 가산 접합(⊗)] 도형을 삽입하여 농구공을 만듭니다.

　※ 농구공에 [맨 뒤로]를 적용하여 골대그물 뒤쪽으로 위치시킬 수 있어요.

❹ [이동 경로]-[자유 곡선(✎)]를 이용하여 애니메이션을 적용합니다.

❺ 애니메이션의 [타이밍]을 다음과 같이 지정합니다.

　● '시작 : 이전 효과와 함께', '지연 : 0.5초', '재생 시간 : 중간', '반복 : 슬라이드가 끝날 때까지'

배경 만들기

- 배경에 색을 채워봅니다.
- 그리기마당을 이용하여 멋진 배경을 만들어 봅니다.

📁 불러올 파일 : 없음　💾 완성된 파일 : 14장(완성).show

● 빈 곳에 들어갈 퍼즐 조각 2개를 찾아보세요.

01 배경 채우기

① 새 프레젠테이션을 열어 슬라이드 빈 곳 위에서 마우스 오른쪽 단추을 클릭한 후 [레이아웃]-[빈 화면]을 선택합니다.

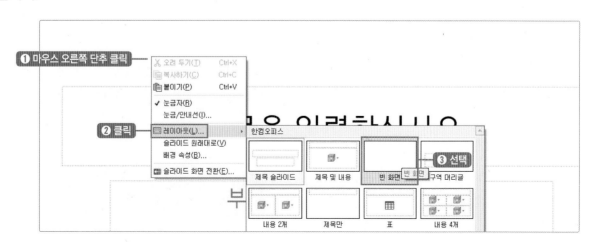

② 슬라이드 위에서 다시 오른쪽 단추을 눌러 [배경 속성]을 클릭합니다. 대화상자가 활성화되면 [채우기]
–[무늬]에서 원하는 종류와 전경색을 선택하고 <적용> 단추를 클릭합니다.

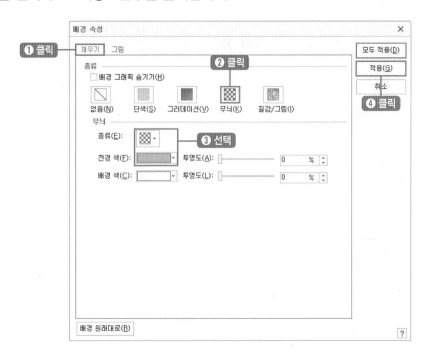

02 도형 안에 텍스를 입력한 후 글꼴 서식 변경하기

① [편집]–[도형]에서 '자세히(↓)' 단추를 클릭한 후, [사각형]–[직사각형(□)]을 선택합니다.

② 마우스 포인터가 '' 모양으로 변경되면 아래 그림을 참고하여 슬라이드에 도형을 삽입합니다.

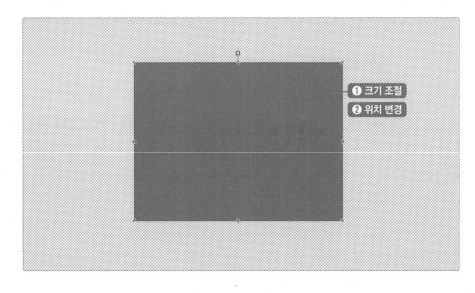

③ [도형(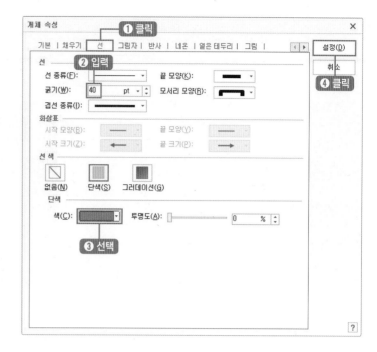)]-[맞춤(⬛)]에서 '가운데 맞춤'과 '중간 맞춤'을 클릭하여 화면 중앙에 배치합니다.

④ 도형 안에서 마우스 오른쪽 단추을 눌러 [개체 속성]을 클릭합니다. 이어서 [채우기] 탭에서 [없음]을 클릭한 후 [선] 탭에서 굵기 '40pt'로 입력하고 선 색은 원하는 선 색을 선택한 후 <설정> 단추를 클릭합니다.

---

03 도형 안에 텍스트를 입력한 후 글꼴 서식 변경하기

① 도형이 선택된 상태에서 'LOVE YOU'를 입력한 후 Esc 키를 눌러 선택을 해제합니다.

※ 한/영 키를 눌러 영문 입력 상태로 전환한 후 Caps Lock 키를 눌러 영어 대문자를 입력해요.

※ 'LOVE'를 입력하고 Enter 키를 눌러 아래로 한 줄을 띄운 후 'YOU'를 입력해요.

② 도형의 테두리가 선택된 것을 확인한 후 [서식] 도구상자에서 원하는 글꼴 서식을 선택합니다.

※ 도형 선택이 해제되었을 경우 도형의 테두리를 마우스로 클릭해요.

※ 글꼴 크기는 입력 칸에 '120'을 입력한 후 Enter 키를 누르면 적당한 크기로 지정할 수 있어요.

04 그리기마당의 클립아트 넣기

① [입력]-[그리기마당(📧)]을 클릭한 후 '찾을 파일' 입력 칸에 '하트'를 입력하고 Enter 키를 눌러 원하는 '하트'를 선택한 후 <넣기> 단추을 클릭합니다.

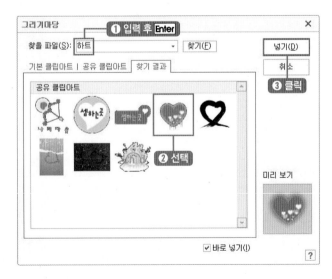

❷ 슬라이드에 클립아트가 삽입되면 크기 및 위치를 적당하게 변경합니다.

한쇼 NEO의 그리기마당은 프로그램의 업데이트로 인하여 클립아트가 변경될 수 있습니다. 만약 교재와 똑같은 클립아트를 찾을 수 없을 경우에는 비슷한 클립아트를 찾아서 선택합니다.

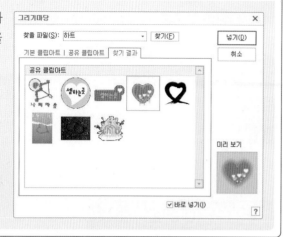

CHAPTER 14 혼자서 뚝딱 뚝딱!

📂 불러올 파일 : 없음 🖼 완성된 파일 : 14장_혼자서(완성).show

① 새 프레젠테이션을 열어 아래 그림과 같이 작품을 완성해보세요

레고 얼굴 그리기

 학습목표

- 슬라이드 복제 기능을 이용하여 캐릭터의 표정을 다양하게 변경합니다.
- 각각의 슬라이드에 화면 전환 효과를 적용합니다.

📂 불러올 파일 : 15장.show   📀 완성된 파일 : 15장(완성).show

배울 내용 미리보기!

창의력 플러스

다음 조건에 맞추어 빈 칸에 들어갈 표정을 그려보세요. 단, 아래 3가지의 조건을 모두 만족해야 한답니다!

조건

❶ 어떤 가로줄에도 같은 표정이 나타나지 않도록 한다.

❷ 어떤 세로줄에도 같은 표정이 나타나지 않도록 한다.

❸ 아래 4개의 표정이 가로/세로 각각의 줄에 하나씩 들어가도록 한다.

 레고 캐릭터 표정 그리기

❶ '15장.show'를 불러온 후 [편집]-[도형]에서 '자세히()' 단추를 클릭한 후, [기본 도형]-[타원(◯)]을 선택합니다.

❷ 그림과 같이 왼쪽 눈을 그린 후 도형 서식을 변경합니다.

❶ 도형 삽입
❷ 서식 지정

● 채우기 색 : 검정색 계열
● 선 색 : 선 없음

❸ **Ctrl** + **Shift** 키를 누른 채 왼쪽 눈을 오른쪽으로 드래그하여 복사합니다.

   ※ **Ctrl**+**Shift** 키를 누른 채 드래그하면 도형을 반듯하게 복사할 수 있어요.

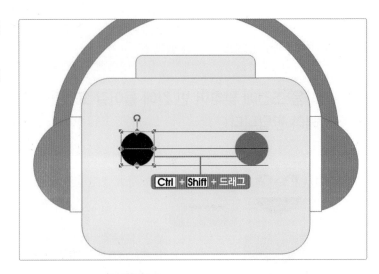

❹ [편집]-[도형]에서 '자세히(↓)' 단추를 클릭한 후, [기본 도형]-[막힌 원호(⌒)]를 선택한 후 그림과 같이 입을 완성합니다.

● 채우기 색 : 검정색 계열

● 선 색 : 선 없음

❺ [도형(◻)]-[회전(↻)]-[상하 대칭(🗙)]을 선택한 후 크기 및 위치를 변경합니다.

① 슬라이드 미리 보기 창의 [슬라이드 1] 위에서 마우스 오른쪽 단추을 눌러 [선택한 슬라이드 복제]를 두 번 반복하여 동일한 슬라이드 3개를 완성합니다.

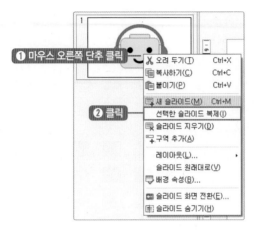

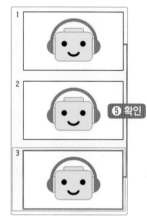

② [슬라이드 2]를 선택한 후 **Shift** 키를 누른 채 캐릭터의 눈을 각각 클릭합니다. 이어서, [도형( )]-[도형 편집( )]-[도형 모양 변경]에서 [기본 도형]-[하트(♡)]를 선택하여 눈 모양을 변경합니다.

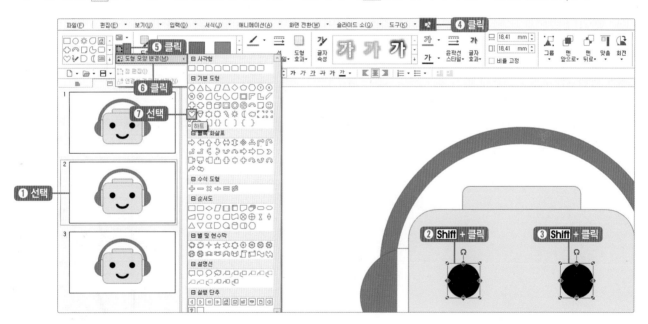

③ 동일한 방법으로 [슬라이드 2]와 [슬라이드 3]의 캐릭터 얼굴 표정을 자유롭게 변경한 후 이어폰의 색상을 다른 색으로 선택합니다.

▲ [슬라이드 2]

▲ [슬라이드 3]

① 슬라이드 미리 보기 창의 [슬라이드 1]을 클릭하고 [화면 전환]의 '자세히(↓)' 단추를 클릭한 후, [2D 효과]-[V자형(↩)]를 선택합니다.

② 동일한 방법으로 각각의 슬라이드에 원하는 화면 전환 효과를 적용해봅니다.

※ 원하는 효과를 다양하게 적용해보세요!

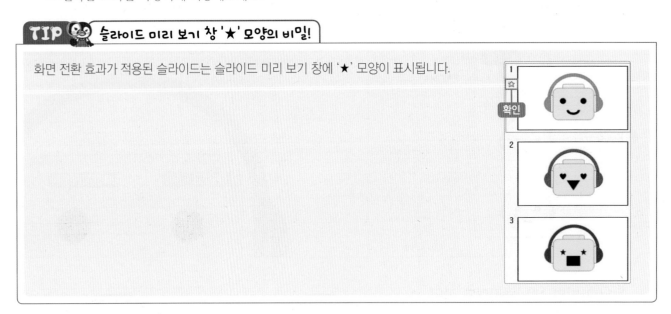

③ F5 키를 눌러 적용된 슬라이드 화면 전환 효과를 확인합니다.

※ Enter 키를 눌러 다음 슬라이드로 이동할 수 있고, Esc 키를 눌러 [슬라이드 쇼]를 종료할 수 있어요.

📁 불러올 파일 : 15장_혼자서.show 📄 완성된 파일 : 15장_혼자서(완성).show

1 15장_혼자서.show 파일을 열어 고양이 얼굴을 완성해보세요.

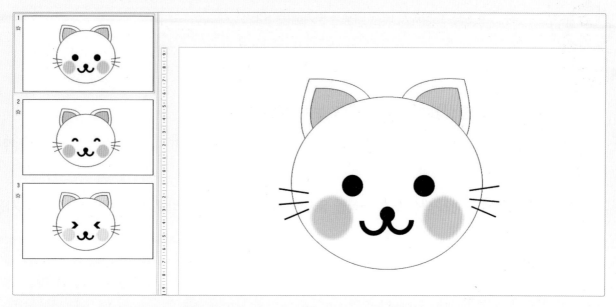

❶ [기본 도형]-[타원(○)]을 삽입하여 고양이의 얼굴을 완성합니다.

　　※ 고양이의 볼은 [도형]-[도형 효과]-[옅은 테두리]에서 효과를 적용할 수 있어요.

❷ 슬라이드 미리 보기 창에서 '슬라이드 복제'를 두 번 반복하여 3개의 슬라이드를 만듭니다.

❸ [도형 편집(🖾)]-[도형 모양 변경] 기능을 이용하여 [슬라이드 2]와 [슬라이드 3]의 고양이 눈 모양을 변경합니다.

❹ [슬라이드 2]와 [슬라이드 3] 고양이의 귀와 볼을 다른 색으로 선택합니다.

❺ 각각의 슬라이드에 다양한 화면 전환 효과를 적용해봅니다.

CHAPTER 16

단원 종합 평가 문제

 학 습 목 표 ....

● 9장~15장에서 배운 내용을 평가해봅니다.

---

1 [슬라이드 쇼]를 실행하는 바로 가기 키는 무엇인가요?

① F2   ② F3   ③ F4   ④ F5

---

2 이미 삽입된 도형의 색상과 선 서식을 유지한 채 도형의 모양만 바꾸고 싶다면 어떤 기능을 사용해야 할까요?

① 도형 회전

② 도형 그룹화

③ 도형 모양 변경

④ 애니메이션

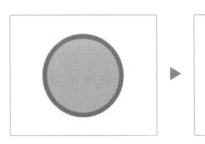 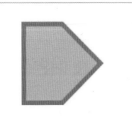

---

3 다음에서 사용한 텍스트 정렬 기능은 무엇인가요?

① 왼쪽 정렬(▤), 위쪽 맞춤(▤)   ② 가운데 정렬(▤), 가운데 맞춤(▤)

③ 오른쪽 정렬(▤), 가운데 맞춤(▤)   ④ 양쪽 정렬(▤), 아래쪽 맞춤(▤)

---

4 [도형(▨)]-[회전(↻)] 메뉴의 기능으로 올바르지 않은 것은 무엇인가요?

① 대각선 대칭   ② 오른쪽으로 90도 회전   ③ 상하 대칭   ④ 왼쪽으로 90도 회전

5 슬라이드에 삽입된 개체를 움직일 수 있도록 하는 기능은 무엇인가요?

❶ 애니메이션

❷ 그림

❸ 차트

❹ 슬라이드

6 작업 순서를 참고하여 아래 그림과 같이 슬라이드를 완성하세요.

📂 불러올 파일 : 16장.show 💾 완성된 파일 : 16장(완성).show

〈작업 순서〉

❶ 제목 텍스트의 글꼴 서식 변경

❷ [기본 도형]-[타원(◯)]을 삽입 → 두 개의 도형을 겹치도록 배치

❸ 그룹된 도형을 선택 → 도형 및 도형 선 서식 변경

❹ 그룹된 도형을 선택 → 텍스트 입력 → 글꼴 서식 변경

❻ [그림]-'정글1~3' 그림 삽입 → [그림 스타일] 지정

홍보 포스터 만들기

학 습 목 표

● 그림을 삽입하고 그림 효과를 적용해봅니다.
● 워드숍으로 디자인된 문구를 완성합니다.

📁 불러올 파일 : 17장.show 🖼 완성된 파일 : 17장(완성).show

배울 내용 미리보기!

● '사다리 타기' 게임은 세로 선을 따라 아래로 줄을 긋다가 가로 선을 만나면 오른쪽 또는 왼쪽으로 사다리를 타고 한 칸을 이동한 후 다시 세로 선으로 내려가는 것을 반복하여 도착 지점에 도달하는 게임입니다.

1 사다리 게임을 통해 조합되는 글자를 주황색 칸에 적어보세요.

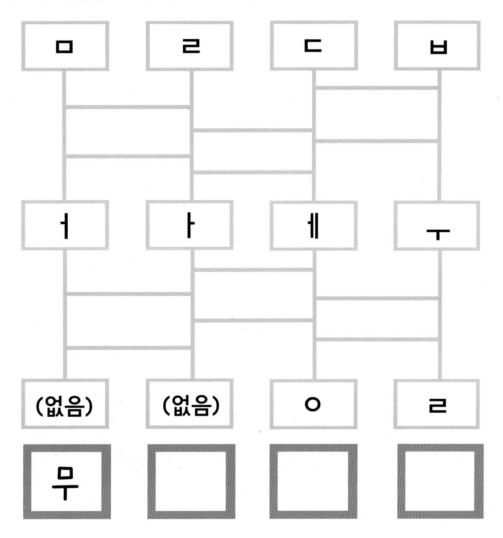

2 찾은 글자를 순서에 맞게 조합하여 다시 적어보세요.

01 그림을 삽입하고 그림 효과 적용하기

① '17장.show'를 불러옵니다. 이어서, [편집]-[그림(▣)]을 클릭한 후 [불러올 파일]-[17장]-'김치'를 선택하여 삽입합니다.

※ Ctrl 키를 누른 채 원하는 그림을 선택하여 한 번에 삽입할 수 있습니다.

② 동일한 방법으로 [불러올 파일]-[17장]-'깍두기'를 선택하여 삽입한 후 그림의 크기 및 위치를 변경합니다.

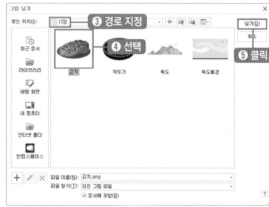

③ '김치' 이미지를 클릭한 후 [그림(▣)]-[그림 효과(▣)]-[네온]에서 원하는 효과를 선택합니다.

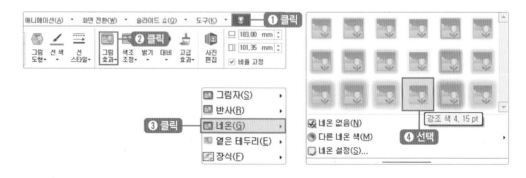

④ 동일한 방법으로 '깍두기' 이미지를 클릭한 후 [그림()]-[그림 효과()]-[네온]에서 원하는 효과를 선택합니다.

TIP 그림 효과 적용하기

삽입된 그림을 선택한 후 [그림(🖼)]-[그림 효과(🖼)]에서 더 많은 효과들을 적용할 수 있습니다.

02 워드숍을 삽입한 후 글꼴 서식 변경하기

① [입력]-[워드숍(개너더)]을 클릭한 후 원하는 디자인을 선택합니다.

② 삽입된 워드숍에 '자랑스러운 우리 음식'을 입력한 후 위치를 변경합니다.

※ 내용이 입력되지 않을 경우에는 '필요한 내용을 적으십시오'를 블록으로 지정한 후 입력합니다.

③ 워드숍의 테두리를 클릭한 후 [서식] 대화상자에서 원하는 글꼴 서식을 선택합니다.

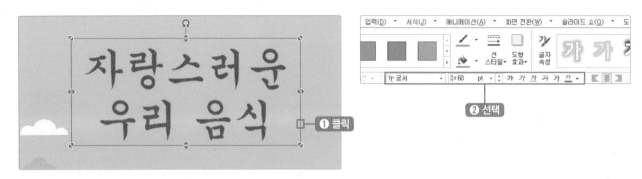

④ 동일한 방법으로 워드숍을 삽입하여 '김치'를 입력한 후 아래 그림을 참고하여 위치를 이동합니다.

※ 글꼴 서식을 자유롭게 변경해보세요!

📂 불러올 파일 : 없음 📀 완성된 파일 : 17장_혼자서(완성).show

1 새 프레젠테이션을 열어 아래 그림과 같이 작품을 완성해보세요.

❶ [불러올 파일]-[17장]-'독도배경' 이미지를 이용하여 배경을 선택합니다.

❷ [불러올 파일]-[17장]-'독도' 이미지를 삽입한 후 [그림]-[그림 효과]에서 원하는 효과를 적용합니다.

❸ 워드숍을 삽입한 후 글꼴 서식을 변경합니다.

TIP 워드숍 삽입 후 특정 단어만 서식을 변경하는 방법

● 많은 내용의 워드숍이 입력되었을 때 원하는 단어를 블록으로 지정한 후 해당 글자만 서식을 변경할 수 있습니다.

● [도형]-채우기 색 / 선 색 / 도형 효과 메뉴를 이용하여 워트숍의 서식을 변경할 수 있습니다.

동화책 결말 만들기

학습목표

● 도형 스타일을 이용하여 도형 서식을 빠르게 변경해봅니다.
● 여러 가지 도형을 삽입하여 예쁜 성을 만들어봅니다.

불러올 파일 : 18장.show 완성된 파일 : 18장(완성).show

우와!
성이 알록달록하니까
예쁘당. 이거 도형으로
만들었으면
시간이 오래
걸렸겠는걸?

아니데 ㅋㅋ
'도형 스타일' 기능을
사용하면 도형 채우기와
도형 테두리를 한 번에 바꿀 수
있기 때문에 오래
걸리진 않았어
ㅎㅎㅎ

과연..
그런
노하우가..!

... 그리하여 주
인공은 성으로 돌
아와 사랑하는
사람들과 함께
행복하게 살았
답니다.

아래 그림을 보고 학교와 관련된 단어들을 찾아 표시해보세요.

※ 단어 목록에는 없지만 새로운 단어를 찾았다면 오른쪽 아래 빈 칸에 적어보세요.

실	선	성	중	두	자	필	통	원
내	스	구	책	용	키	소	대	의
화	네	교	상	항	프	관	파	자
곽	과	동	니	린	칠	연	일	박
서	안	리	터	람	쥐	판	누	선
겨	책	가	방	온	타	자	생	부
당	백	휴	반	원	풍	님	다	컴
잡	크	설	지	연	생	본	퓨	생
운	동	장	진	필	가	터	체	오

- 실내화 - 칠판
- 교과서 - 책가방
- 필통   - 의자
- 선생님 - 컴퓨터
- 연필   - 운동장
- 책상

01 내용 서식 지정하기

① '18장.show'를 불러옵니다. 이어서, 내용을 클릭하여 활성화된 텍스트 상자의 테두리를 선택합니다.

② 그림을 참고하여 [서식] 도구상자에서 원하는 글꼴 서식을 선택합니다.

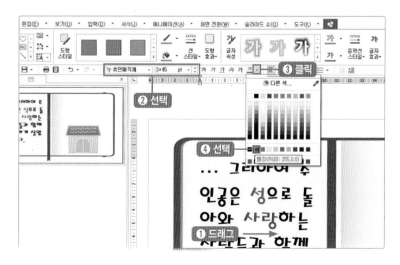

❶ [편집]-[도형]에서 '자세히(▾)' 단추를 클릭한 후, [기본 도형]-[직사각형(□)]을 선택합니다.

❷ 다음과 같은 위치에 도형을 그린 후 원하는 도형 스타일을 적용합니다.

※ '도형 스타일' 기능은 한쇼에서 기본적으로 제공되는 디자인 서식이에요. 도형 스타일을 이용하면 채우기, 윤곽선, 도형 효과 등을 한 번에 적용할 수 있어요.

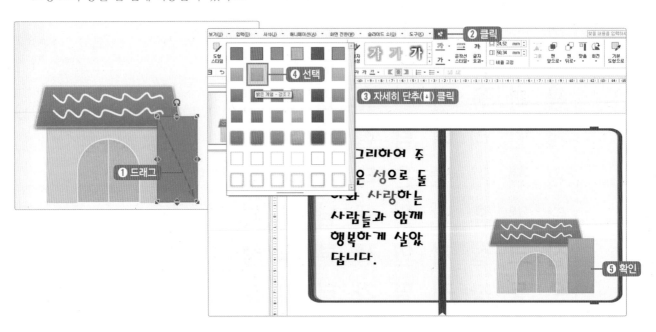

❸ [편집]-[도형]에서 '자세히(▾)' 단추를 클릭한 후, [기본 도형]-[배지(⬡)]을 선택합니다.

❹ 다음과 같은 위치에 도형을 그린 후 원하는 도형 스타일을 적용합니다.

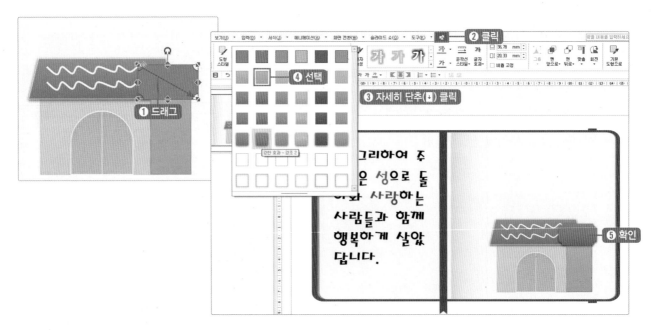

⑤ [편집]-[도형]에서 '자세히(↓)' 단추를 클릭한 후, [순서도]-[순서도: 지연(▷)]을 선택합니다.

⑥ 다음과 같은 위치에 도형을 그리고 회전한 후 원하는 도형 스타일을 적용합니다.

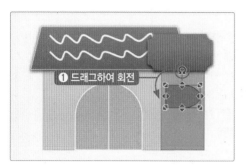

03 도형을 그룹화하고 복사하기

① 그림과 같이 드래그한 후 선택된 도형 위에서 마우스 오른쪽 단추을 눌러 [그룹화]-[개체 묶기]을 클릭합니다.

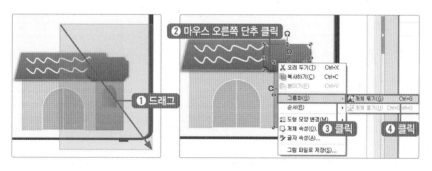

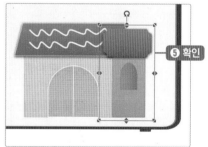

② 그룹화된 도형을 아래 그림과 같이 복사합니다. 이어서, 복사된 도형 위에서 마우스 오른쪽 단추을 눌러 [순서]-[맨 뒤로]를 클릭합니다.

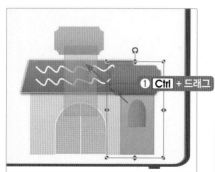

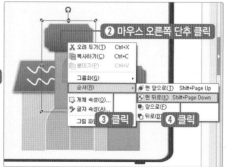

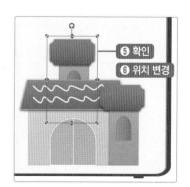

③ 뒤쪽으로 복사된 도형의 위쪽 부분을 천천히 두 번 클릭한 후 원하는 도형 스타일로 변경합니다.

※ 그룹으로 지정된 도형 중에서 특정 도형만 선택하려면 해당 도형을 천천히 두 번 클릭해요.

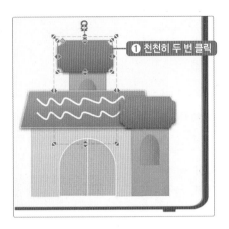

④ 다음 그림을 참고하여 예쁜 성이 완성될 수 있도록 도형들을 삽입한 후 도형 스타일을 변경합니다.

📁 불러올 파일 : 18장_혼자서.show   💾 완성된 파일 : 18장_혼자서(완성).show

1 18장_혼자서.show 파일을 열어 아래 그림과 같이 작품을 완성해보세요.

❶ 텍스트 상자를 클릭하여 [서식] 도구상자에서 글꼴 서식을 변경합니다.

❷ 다음을 참고하여 감옥을 만들어봅니다.

[사각형]-[직사각형(□)] 삽입 → 도형 스타일을 적용 → 도형을 일정한 간격으로 복사하여 감옥 문 만들기 → 손잡이 만들기 → 감옥에 사용된 도형을 모두 선택하여 그룹으로 지정

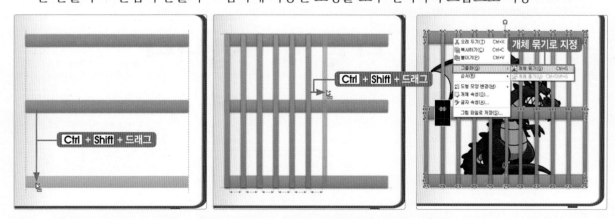

❸ [불러올 파일]-[18장]-'괴물' 이미지를 삽입한 후 [맨 뒤로]를 작업합니다.

자기소개하기

● 하이퍼링크와 실행 단추를 이용하여 슬라이드를 이동해봅니다.

● 도형 스타일을 이용하여 도형 서식을 빠르게 변경해봅니다.

불러올 파일 : 19장.show   완성된 파일 : 19장(완성).show

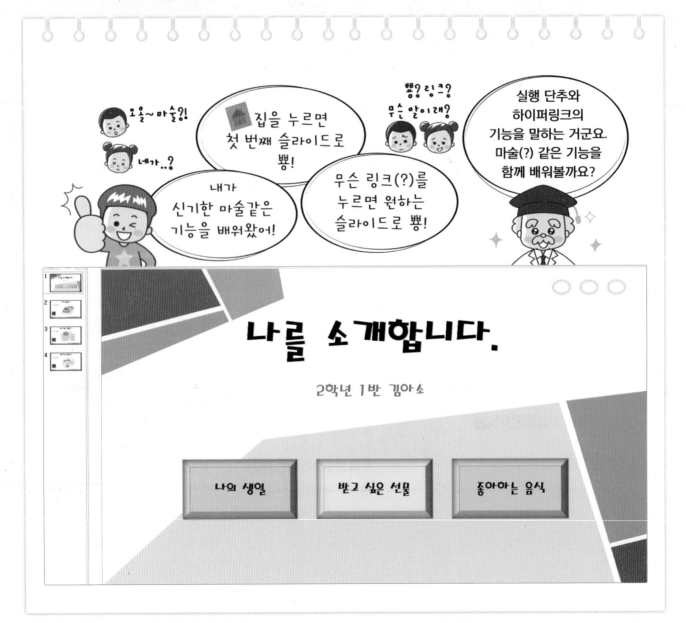

창의력 플러스

● 힌트를 참고하여 단어를 이어보세요.

자기 소개   ▶   ▶   리어카

(봄에 피는 노란색 꽃)

▶   ▶   ▶

(사진을 찍는 기계)

---

01 슬라이드에 텍스트를 입력하고 그림을 삽입하기

① '19장.show'를 불러온 후 제목과 부제목을 입력합니다.

※ 부제목에는 나의 학년, 반, 이름을 입력해요.

② 미리보기 창의 [슬라이드 2]를 클릭한 후 내용을 입력합니다.

③ [편집]-[그림()]-[불러올 파일]-[19장]
-'소개1'을 선택하여 삽입합니다.

④ 아래 그림을 참고하여 [슬라이드 3]과 [슬라이드 4]를 작업합니다.

02 도형 스타일을 변경하고 하이퍼링크 적용하기

① [슬라이드 1]을 선택하여 '나의 생일'이 입력된 도형을 클릭한 후 [도형]-[도형 스타일]에서 원하는 스타일을 적용합니다. 이어서, 동일한 방법으로 나머지 도형들의 스타일을 변경합니다.

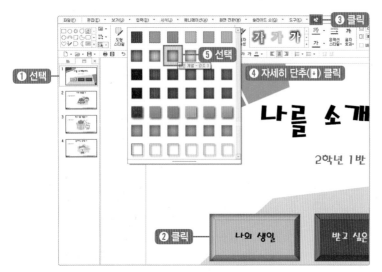

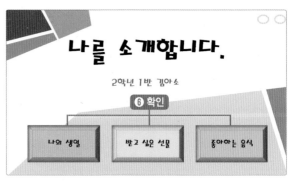

② '나의 생일'이 입력된 도형의 테두리 위에서 마우스 오른쪽 단추을 눌러 [하이퍼링크]를 클릭합니다.

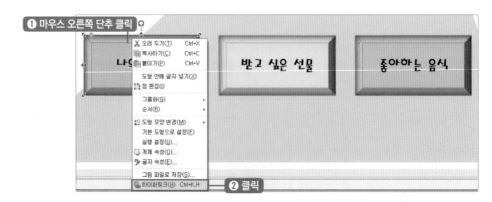

③ 연결 대상(현재 문서)과 문서 위치(2. 나의 생일은?)를 선택한 후 <넣기> 단추를 클릭합니다.

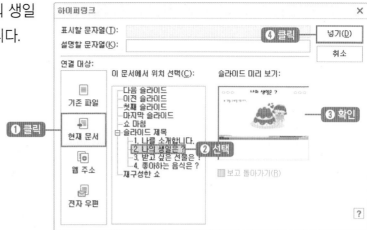

④ 그림을 참고하여 '받고 싶은 선물' 도형에 하이퍼링크를 삽입합니다.

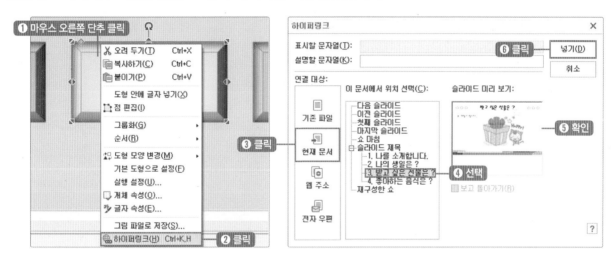

⑤ 그림을 참고하여 '좋아하는 음식' 도형에 하이퍼링크를 삽입합니다.

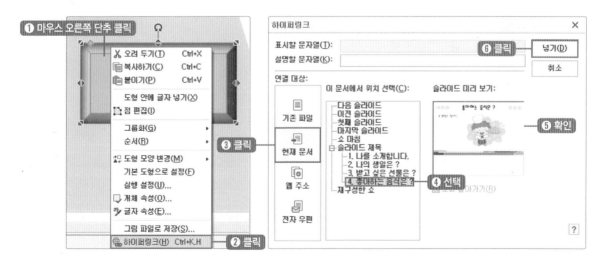

① [슬라이드 2]를 클릭합니다. 이어서, [편집]-[도형]에서 '자세히(↓)' 단추를 클릭한 후, [실행 단추]-[실행 단추: 홈(圖)]을 선택하여 그림과 같이 삽입한 후 <넣기> 단추를 클릭합니다.

※ [슬라이드 쇼]를 실행했을 때 홈 단추를 누르면 첫 번째 슬라이드(나를 소개합니다.)로 이동해요.

② 동일한 방법으로 [슬라이드 3]과 [슬라이드 4]에 [실행 단추: 홈(圖)]을 삽입합니다.

③ F5 키를 눌러 [슬라이드 쇼]를 실행한 후 하이퍼링크가 적용된 도형과 홈 단추를 클릭하여 확인해봅니다.

※ 하이퍼링크와 실행 단추는 [슬라이드 쇼] 상태에서만 확인할 수 있으며, 해당 개체 위에 마우스 포인터를 올리면 '👆' 모양으로 변경돼요.

※ 슬라이드 쇼는 Esc 키를 누르면 종료할 수 있어요.

📂 불러올 파일 : 19장_혼자서.show 🖫 완성된 파일 : 19장_혼자서(완성).show

1 19장_혼자서.show 파일을 열어 아래 그림과 같이 작품을 완성해보세요.

❶ [슬라이드 1]에 삽입된 도형들을 선택하여 '도형 스타일'을 적용합니다.

❷ 각 슬라이드에 알맞은 그림을 삽입한 후 '그림 스타일'을 적용합니다.

❸ [슬라이드 1]로 돌아가 각 도형에 알맞은 위치에 하이퍼링크를 삽입합니다.

※ 힌트 : 슬라이드 제목의 이름을 참고하여 하이퍼링크를 삽입해보세요!

❹ 각 슬라이드에 [실행 단추: 홈(🏠)]을 삽입하고 도형 스타일을 적용합니다.

❺ F5 키를 눌러 [슬라이드 쇼]를 실행한 후 하이퍼링크가 적용된 도형과 홈 단추를 클릭하여 확인해 봅니다.

CHAPTER 20

당근 키우기

 **학 습 목 표**

- 도형을 삽입하고 도형 효과(도형 스타일, 질감 등) 적용해봅니다.
- 애니메이션의 타이밍 기능(시작, 지연, 재생 시간, 반복 등)을 이용하여 애니메이션을 실행해봅니다.
- 타이밍 기능을 이용하여 두 가지 애니메이션을 함께 실행해봅니다.

📁 불러올 파일 : 20장.show 📄 완성된 파일 : 20장(완성).show

배운 내용 미리보기!

● 그림을 보고 틀린 그림 5개를 찾아 표시해보세요.

01 도형 스타일을 이용하여 도형 꾸미기

① '20장.show'를 불러온 후 물 뿌리개 안의 물을 천천히 두 번 클릭합니다. 이어서, [도형]–[도형 스타일]에서 원하는 스타일을 선택합니다.

② **Esc** 키를 눌러 부분 선택을 해제한 후 다시 전체 도형을 드래그하여 선택합니다.

※ 드래그 하지 않고 전체 도형을 선택하려면 **Ctrl**+**A** 키를 사용해요.

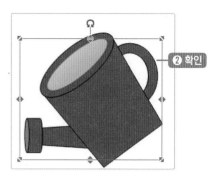

③ [편집]-[도형]에서 '자세히(▼)' 단추를 클릭한 후, [기본 도형]-[직사각형(□)]을 선택하여 삽입한 후 그림과 같이 위치를 변경합니다.

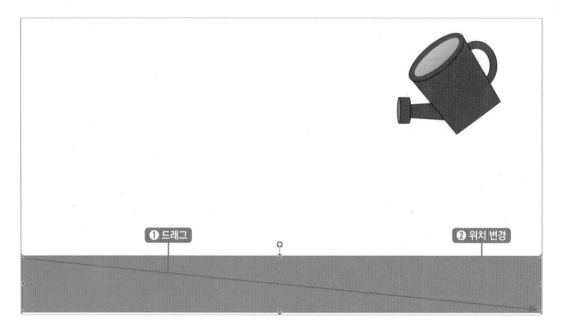

④ [도형]-[선 색]에서 '선 없음'을 선택합니다.

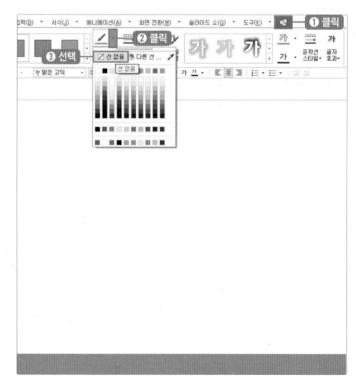

⑤ [도형]-[채우기 색]-[질감()]에서 '코르크'를 선택합니다.

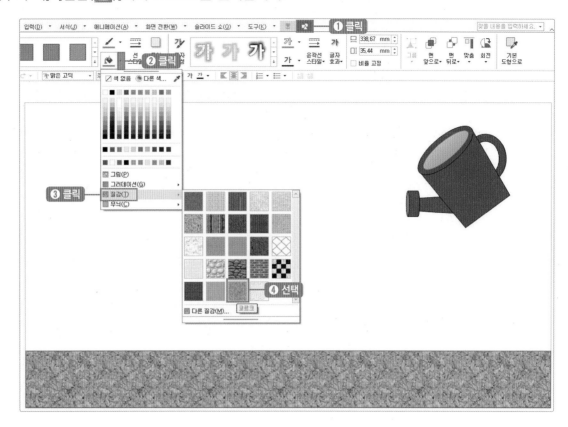

02 그림에 애니메이션 적용하기

① [편집]-[그림(📷)]-[불러올 파일]-[20장]-'당근'을 선택하여 삽입합니다.

② 그림과 같이 크기와 위치를 변경한 후 **Ctrl** + **Shift** 키를 누른 채 오른쪽으로 드래그하여 복사합니다.

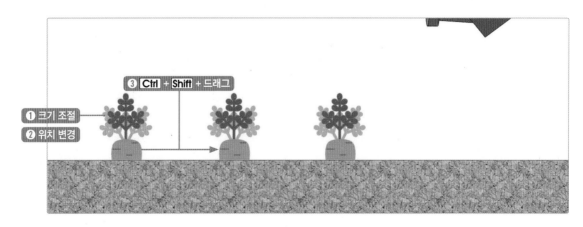

③ **Shift** 키를 누른 채 모든 당근을 선택합니다. 이어서, [애니메이션] –[애니메이션 추가]를 클릭한 후 [강조 다른 효과]–[크게]를 선택하고 <적용> 단추를 클릭합니다.

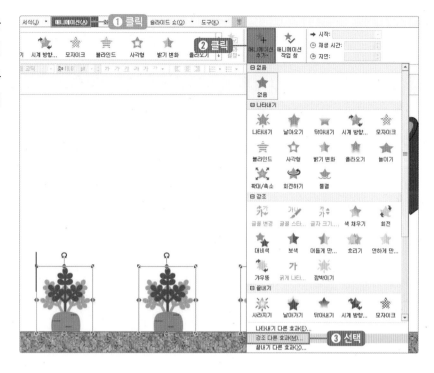

④ [애니메이션]–[애니메이션 창]을 클릭합니다.

⑤ 오른쪽 작업 창이 활성화되면 각 자유형 번호를 더블 클릭한 후 [타이밍] 탭을 클릭합니다. 이어서, 타이밍을 다음과 같이 변경합니다.

- 시작 : 이전 효과와 함께
- 재생 시간 : 느리게
- 지연 : 2초
- 반복 : 슬라이드가 끝날 때까지

※ 애니메이션 자유형 번호는 프로그램 작업 환경에 따라 다르게 나타나요.

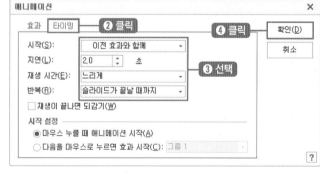

⑥ **F5** 키를 눌러 타이밍이 적용된 애니메이션을 확인합니다.

※ '지연'을 2초 지정했기 때문에 당근에 적용된 애니메이션은 2초 후에 시작돼요!

※ **Esc** 키를 누르면 [슬라이드 쇼]를 종료할 수 있어요.

CHAPTER 20 혼자서 뚝딱 뚝딱!

📂 불러올 파일 : 20장_혼자서.show 🖼 완성된 파일 : 20장_혼자서(완성).show

1 20장_혼자서.show 파일을 열어 두 가지(당근, 물방울) 애니메이션이 함께 실행되도록 작품을 완성해보세요.

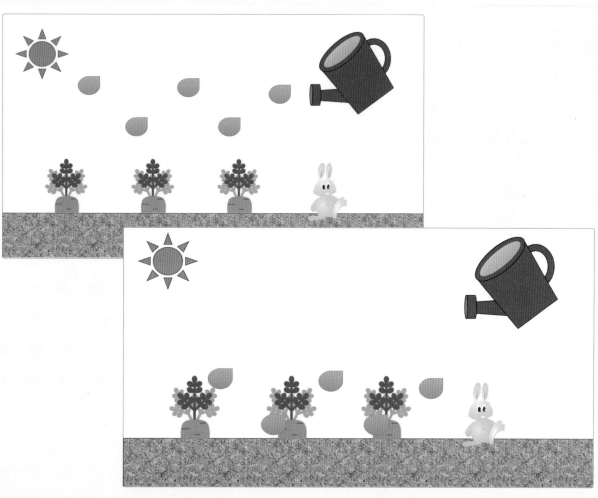

❶ [기본 도형]-[눈물 방울(○)]로 작업합니다.

❷ 물방울을 그림과 같이 복사한 후 모두 선택하여 [도형]-[도형 스타일]에서 원하는 스타일을 선택합니다.

❸ 이어서, [도형]-[도형 스타일]에서 원하는 효과를 선택합니다.

❹ 도형이 모두 선택된 상태에서 [애니메이션 추가]-[이동 경로]-'아래로(▯)'을 이용하여 물방울에 애니메이션을 적용합니다.

❺ [애니메이션 창]을 클릭하여 타이밍을 다음과 같이 변경합니다.

- 시작 : 이전 효과와 함께
- 지연 : 0초
- 재생 시간 : 빠르게
- 반복 : 슬라이드가 끝날 때까지

❻ [그리기 마당]을 이용하여 '태양'과 '토끼' 이미지를 삽입합니다.

❼ F5 키를 눌러 적용된 애니메이션을 확인합니다.

동물들의 평균 수명 알아보기

● 차트를 삽입하고 차트 스타일을 지정합니다.

● 그림의 불필요한 부분을 잘라내고 배경을 투명한 색으로 지정합니다.

📁 불러올 파일 : 21장.show 🖥 완성된 파일 : 21장(완성).show

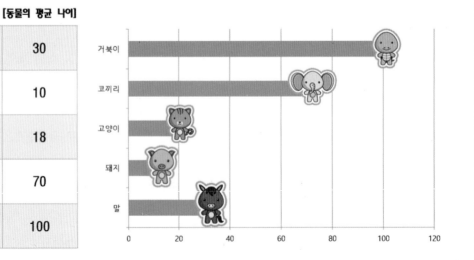

[동물의 평균 나이]	
말	30
돼지	10
고양이	18
코끼리	70
거북이	100

똑같이 생긴 10마리의 강아지 중 다른 모습을 하고 있는 2마리의 강아지를 찾아보세요.

01 차트를 삽입한 후 차트 스타일 지정하기

❶ '21장.show'를 불러온 후 차트를 삽입하기 위해 [편집]–[차트(📊)]를 클릭합니다.

❷ 이어서, [가로 막대형]–[묶은 가로 막대형]을 선택합니다.

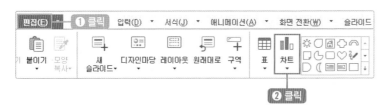

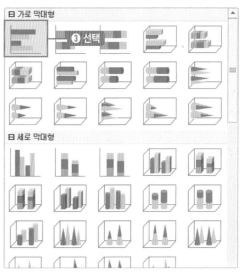

❸ 차트가 삽입되면서 데이터 입력 창이 나오면 차트에 필요한 데이터를 그림과 같이 입력합니다.

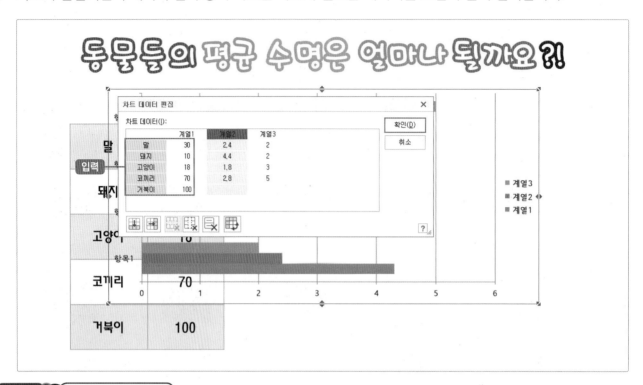

❶ ⊞ : 행 추가하기
❷ ⊞ : 열 추가하기
❸ ⊞ : 선택한 행 지우기
❹ ⊞ : 선택한 열 지우기
❺ ⊞ : 모든 데이터 지우기
❻ ⊞ : 행/열 바꾸기

❹ 계열2를 선택한 다음 [선택한 열 지우기(⊞)]를 클릭하여 '계열2' 열을 지웁니다. 동일한 방법으로 '계열3' 열도 지웁니다. 이어서, <확인> 단추를 클릭합니다.

5 완성된 차트의 크기 및 위치를 적당하게 조절합니다. 이어서, 차트의 불필요한 부분을 클릭한 후 Delete 키를 눌러 삭제합니다.

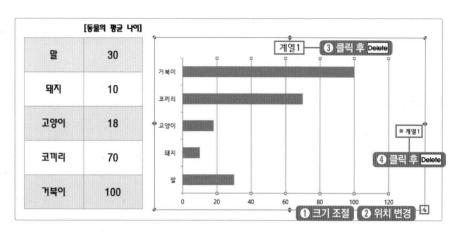

6 차트를 선택한 후 [차트 디자인(📊)]-[차트 스타일]에서 원하는 차트 스타일을 선택합니다.

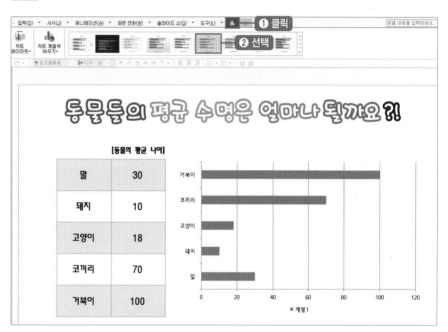

TIP 차트의 모양을 바꾸고 싶어요!

삽입된 차트를 선택한 후 [차트 디자인(📊)]-[차트 종류 변경(📊)]을 클릭하여 작성된 차트를 다른 모양의 차트(세로 막대형, 꺾은선형 등)로 바꿀 수 있습니다.

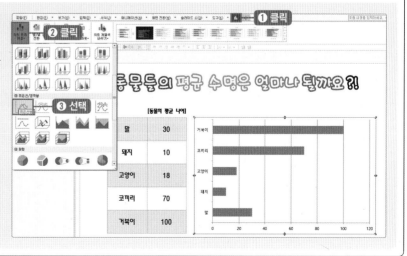

그림의 불필요한 부분을 잘라낸 후 배경을 투명한 색으로 지정하기

❶ 차트 선택을 해제한 후 [편집]-[그림(🖼)]을 클릭하여 [불러올 파일]-[21장]-'동물'을 삽입합니다.

❷ 그림이 삽입되면 [그림(🖼)]-[자르기(🔲)]를 클릭합니다. 이어서, 자르기 구분선(┛)을 드래그하여 말 캐릭터만 보이도록 조절한 후 **Esc** 키를 눌러 이미지를 잘라냅니다.

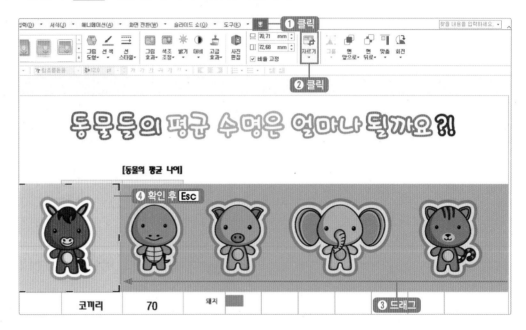

❸ [그림(🖼)]-[색조 조정(🖼)]-[투명한 색 설정]을 선택한 후 이미지의 노란색 배경 부분을 클릭하여 투명하게 처리합니다.

❹ 그림의 크기를 조절한 후 위치를 말 계열의 막대 끝으로 이동합니다.

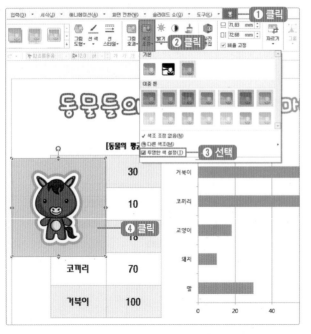
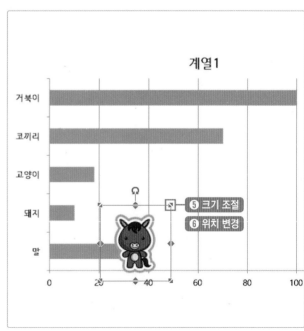

⑤ 동일한 방법으로 나머지 동물들을 삽입해봅니다.

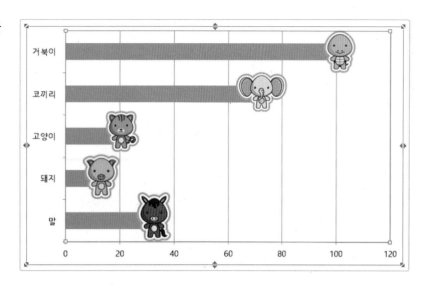

📁 불러올 파일 : 21장_혼자서.show 📄 완성된 파일 : 21장_혼자서(완성).show

1 21장_혼자서.show 파일을 열어 차트를 완성해보세요.

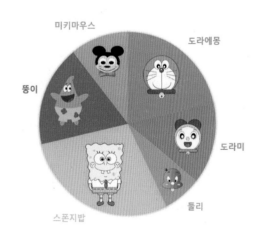

	[단위 : 명]
도라에몽	6
도라미	4
둘리	2
스폰지밥	8
뚱이	5
미키마우스	3

❶ 우리반 친구들은 어떤 캐릭터를 좋아하는지 투표를 한 후 투표 결과를 표에 입력합니다.

❷ 표에 입력한 데이터를 활용하여 [원형] 차트를 삽입한 후 차트의 크기 및 위치를 조절합니다.

❸ 차트 디자인을 '스타일 9'로 변경합니다.

❹ [불러올 파일]-[21장]-'캐릭터' 그림을 삽입하여 불필요한 부분을 잘라낸 후 배경을 투명하게 지정합니다.

성탄절 봉투 & 카드 만들기

● 슬라이드의 크기를 변경해봅니다.
● 삽입된 도형에 무늬를 적용한 후 이미지를 삽입해봅니다.

📁 불러올 파일 : 22장.show   🖼 완성된 파일 : 22장(완성).show

배울 내용 미리보기!

선물이 있는 곳까지 산타가 도착할 수 있도록 길을 찾아주세요!!

① '22장.show'를 불러온 후 [서식]–[슬라이드 크기(▭)]–[쪽 설정]를 선택합니다.

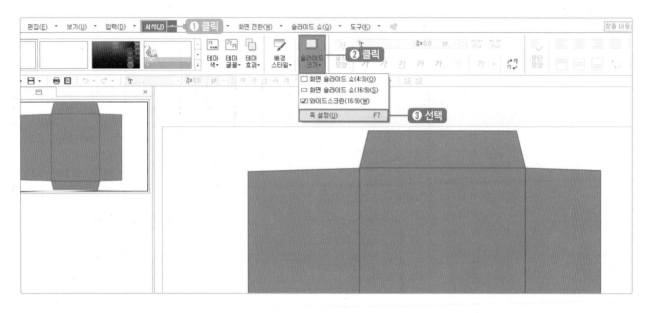

② 종류를 'A4 용지(210×297mm)'로 선택하고 <확인> 단추를 클릭한 후 '최대화'를 선택합니다.

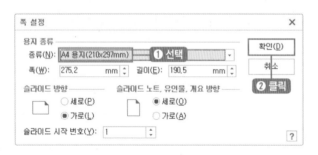

TIP '최대화'와 '맞춤 확인'은 무엇이 다를까요?

슬라이드의 크기 또는 방향을 변경하게 되면 '최대화'와 '맞춤 확인'을 선택할 수 있는 대화상자가 나타납니다. '최대화'를 선택하면 원본 개체의 크기를 그대로 유지할 수 있으며, '맞춤 확인'을 선택하면 용지 비율에 맞추어 원본 개체의 크기가 변경됩니다.

02 봉투에 색상과 무늬를 지정하기

① 슬라이드의 빈 곳을 클릭한 후 **Ctrl** + **A** 키를 눌러 모든 개체를 선택합니다.

② [도형(📐)]에서 [채우기 색]과 [선 색]을 원하는 색상으로 변경합니다.

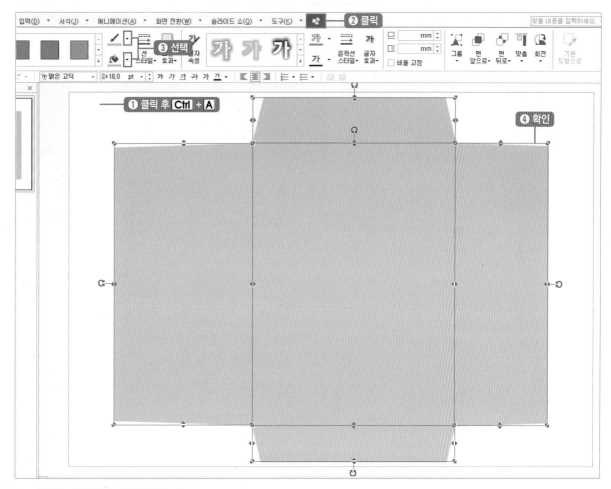

TIP 여러 가지 색상을 찾는 방법

개체의 색상을 변경할 때 [다른 색]을 클릭하면 [팔레트]와 [스펙트럼] 탭에서 더욱 다양한 색상을 선택할 수 있습니다.

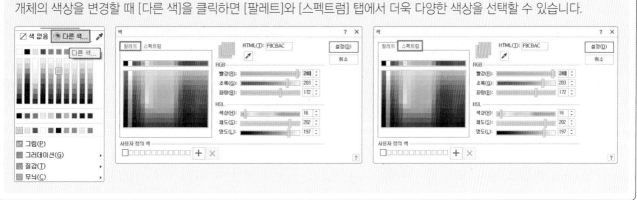

③ 가운데 도형을 선택하여 흰색 계열의 색상으로 변경한 후 **Esc** 키를 눌러 개체의 선택을 취소합니다.

④ **Shift** 키를 이용하여 오른쪽과 왼쪽 도형을 각각 선택한 후 마우스 오른쪽 단추를 눌러 [개체 속성]을 클릭합니다.

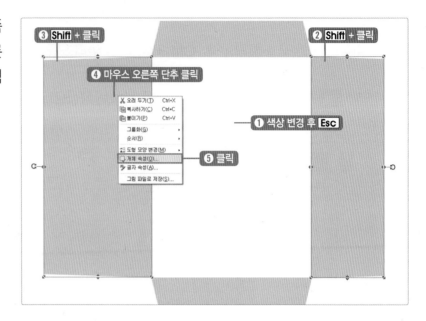

⑤ 대화상자가 나타나면 [채우기]-[무늬]에서 무늬 , 전경 색, 배경 색을 각각 선택합니다.

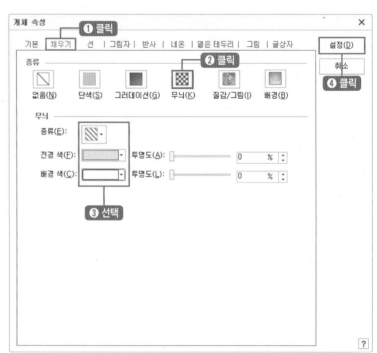

03 봉투장식 그림을 이용하여 작품 완성하기

① [편집]-[그림(⬜)]을 클릭한 후 [불러올 파일]-[22장]-'봉투장식1~10' 이미지들을 삽입하여 작품을 완성합니다.

CHAPTER 22 혼자서 뚝딱 뚝딱!

📂 불러올 파일 : 22장_혼자서.show 🖼 완성된 파일 : 22장_혼자서(완성).show

① 22장_혼자서.show 파일을 열어 성탄절 카드를 완성해보세요.

▲ [슬라이드 1]

▲ [슬라이드 2]

❶ 슬라이드 크기를 'A4 용지(210 × 297mm)'로 선택한 후 '최대화'를 선택합니다.

❷ 각각의 슬라이드에 [기본 도형]-[타원(◯)]을 삽입한 후 [도형 효과]-[옅은 테두리]를 적용합니다. 이어서, 눈(타원)을 복사하여 슬라이드를 예쁘게 꾸밉니다.

❸ [슬라이드 2]에 [사각형]-[직사각형(▢)]을 삽입하여 무늬를 채운 후 [도형 효과]-[네온]을 적용합니다.

❹ 다양한 그림들을 삽입하여 성탄절 카드를 꾸며봅니다.

CHAPTER 23

미니언즈 캐릭터 그리기

 학습목표

● 도형의 서식을 변경한 후 기본 도형으로 설정해봅니다.
● 다양한 도형을 이용하여 캐릭터를 만들어봅니다.

📂 불러올 파일 : 23장.show 📑 완성된 파일 : 23장(완성).show

창의력 플러스

1 보기를 통해 여러 가지 색상이 우리에게 주는 느낌에 대해 알아보세요.

보기

- 빨강 ▶ 힘, 더위, 애정, 분노
- 노랑 ▶ 희망, 귀여움, 금지, 명랑
- 파랑 ▶ 냉정, 성실, 청년, 시원
- 검정 ▶ 슬픔, 죽음, 암흑, 공포

- 주황 ▶ 위험, 온화, 가을, 질투
- 초록 ▶ 상쾌, 생명, 안전, 휴식
- 보라 ▶ 우아, 화려, 신비, 예술
- 흰색 ▶ 순수, 청결, 완벽, 깨끗

2 나의 주변 사람과 어울리는 색상을 선택해보고, 선택한 이유를 간단하게 적어보세요.

이름	선택한 색상	선택 이유

---

01 캐릭터의 얼굴 만들기

1 '23장.show'를 불러온 후 [편집]-[도형]에서 '자세히(↓)' 단추를 클릭한 후, [기본 도형]-[타원(○)]을 클릭합니다. 이어서, 아래 그림처럼 눈을 만듭니다.

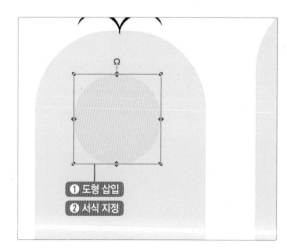

① 도형 삽입
② 서식 지정

- 채우기 색 : 회색 계열
- 선 색 : 선 없음

② 서식이 변경된 도형 위에서 마우스 오른쪽 단추을 눌러 [기본 도형
으로 설정]을 클릭합니다.

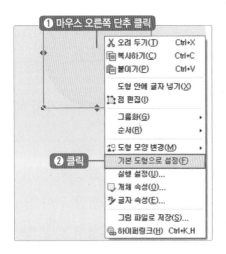

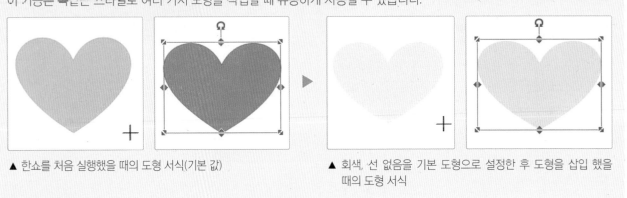
③ [기본 도형]-[타원(◯)]을 이용하여 왼쪽 캐릭터의 눈을 완성해봅니다.

※ 타원을 새로 삽입하거나, 만들어진 도형을 복사하여 작업해보세요! 왼쪽 캐릭터의 눈은 모두 4개의 타원으로 만들
었어요.

① 채우기 색 : 흰색 계열

② 채우기 색 : 갈색 계열

③ 채우기 색 : 검정색 계열

④ 다음과 같이 드래그하여 눈에 사용된 도형을 모두 선택한 후 마우스 오른쪽 단추를 눌러 [그룹화]-[개체 묶기]을 클릭합니다.

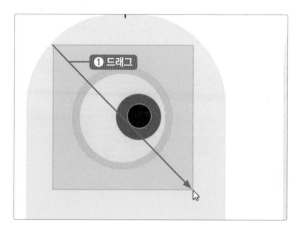 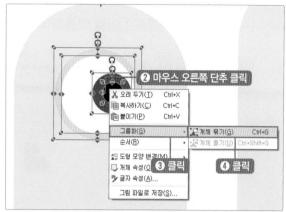

⑤ [사각형]-[모서리가 둥근 직사각형(☐)]을 이용하여 밴드를 만든 후 마우스 오른쪽 단추를 눌러 [순서]-[맨 뒤로]를 클릭합니다.

※ 밴드(모서리가 둥근 직사각형) 도형의 채우기 색상은 검정색 계열로 변경해주세요.

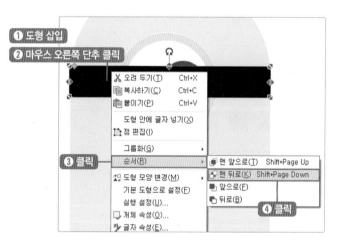 

⑥ [기본 도형]-[달(☾)]을 이용하여 왼쪽 캐릭터의 입을 만들어봅니다.

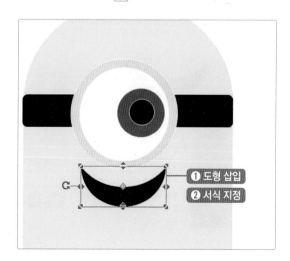 

● 채우기 색 : 검정색 계열

❶ [사각형]–[직사각형(☐)]을 이용하여 캐릭터의 다리를 만듭니다.

❷ [순서도]–[순서도: 지연(◻)]을 이용하여 캐릭터의 발을 만듭니다.

● 채우기 색 : 검정색 계열

❸ [사각형]–[모서리가 둥근 직사각형(☐)]을 이용하여 캐릭터의 몸통을 만듭니다.

❹ [사각형]–[직사각형(☐)]을 이용하여 어깨 끈을 만든 후 마우스 오른쪽 단추을 눌러 [순서]–[맨 뒤로]를 클릭합니다.

❺ [기본 도형]–[타원(◯)]을 이용하여 단추를 만들어 몸통을 완성합니다.

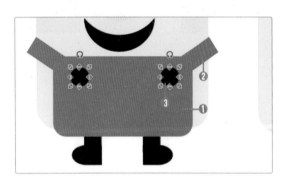 

① 채우기 색 : 파란색 계열

② 채우기 색 : 파란색 계열

③ 채우기 색 : 검정색 계열

❻ 다음과 같이 드래그하여 몸통에 사용된 도형을 모두 선택한 후 마우스 오른쪽 단추을 눌러 [그룹화]–[개체 묶기]를 클릭합니다.

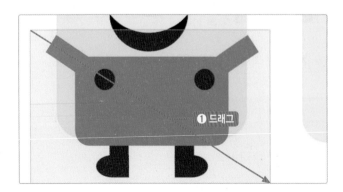 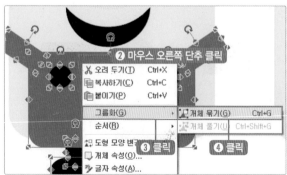

CHAPTER 23 혼자서 뚝딱 뚝딱!

📁 불러올 파일 : 없음   💾 완성된 파일 : 23장_혼자서(완성).show

① 오른쪽 캐릭터를 완성해보세요.

※ 본문 학습에 작성된 파일을 이어서 작업하세요.
만약 파일이 없을 경우에는 '23장_혼자서.show'
를 열어 작업할 수 있어요!

❶ 왼쪽 캐릭터의 몸통을 복사하여 오른쪽 캐릭터의 몸통을 만듭니다.

❷ [기본 도형]-[타원(◯)]을 이용하여 눈을 만듭니다.

※ 타원 3개를 이용하여 눈을 만들어요! (회색 계열, 흰색 계열, 검정색 계열)

❸ [기본 도형]-[달(☾)]을 삽입한 후 조절점(◉)을 이용하여 눈꺼풀을 만듭니다.

❹ [사각형]-[모서리가 둥근 직사각형(▢)]을 이용하여 밴드를 만듭니다.

❺ [기본 도형]-[타원(◯)]을 이용하여 입을 만듭니다.

❻ [도형]-[도형 스타일]에서 원하는 입체 효과를 적용합니다.

※ Ctrl + A 키를 눌러 모든 도형을 한 번에 선택할 수 있어요.

② 도형 또는 그리기 마당을 이용하여 배경을 예쁘게 꾸며보세요.

CHAPTER 24

단원 종합 평가 문제

학 습 목 표

....

● 17장~23장에서 배운 내용을 평가해봅니다.

1 그림과 같이 모든 개체의 선택을 한 번에 해제할 때 사용하는 키는 무엇인가요?

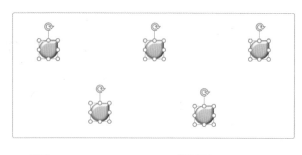 

1 F5   **2** Esc   **3** Shift   **4** Ctrl

2 그림과 같이 한쇼의 [슬라이드 쇼] 상태에서 도형이나 실행 단추를 클릭하면 지정된 특정 슬라이드로 한 번에 이동할 수 있는 기능은 무엇일까요?

1 개체 묶기   **2** 하이퍼링크   **3** 애니메이션   **4** 워드숍

3 다음 중 도형의 이름과 모양이 다르게 연결된 것은 무엇인가요?

1 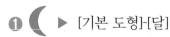 ▶ [기본 도형]-[달]   **2** ▶ [선]-[양방향 화살표]

3  ▶ [순서도]-[순서도: 가산 접합]   **4** ▶ [기본 도형]-[하트]

4 변경 후 도형에 적용되지 않은 기능은 무엇인가요?

❶ 글꼴 변경

❷ 도형 효과

❸ 선 없음

❹ 채우기 색

▲ 변경 전

▲ 변경 후

5 작업 순서를 참고하여 아래 그림과 같이 슬라이드를 완성하세요.

불러올 파일 : 없음　완성된 파일 : 24장(완성).show

⟨작업 순서⟩

❶ [사용자 지정 슬라이드 크기] 지정 → 슬라이드 크기 : A4 용지(210×297mm) / 방향 : 세로

❷ [레이아웃]-[빈 화면] 선택

❸ [배경 속성]-[그림/질감]-'우주배경' 그림으로 선택

❹ [워드숍]을 이용하여 '신비한 우주 세계' 입력 → 글꼴 서식 변경

❺ [그림]-'우주그림' 그림 삽입 → [자르기] 기능을 이용하여 필요한 그림 자르기 → 크기 및 위치 변경

MEMO